Querido estudante negro

Copyright © Bárbara Carine Soares Pinheiro, 2024
Copyright © Editora Planeta do Brasil, 2024
Todos os direitos reservados.

Preparação: Camila Gonçalves
Revisão: Caroline Silva e Wélida Muniz
Projeto gráfico e diagramação: Kalany Ballardin
Capa: Fabio Oliveira
Ilustração de capa: Héu

Dados Internacionais de Catalogação na Publicação (CIP)
Angélica Ilacqua CRB-8/7057

Carine, Bárbara
 Querido estudante negro / Bárbara Carine. - São Paulo : Planeta do Brasil, 2023.
 160 p.

ISBN 978-85-422-2500-6

1. Estudantes negros – Memória autobiográfica 2. Antirracismo 3. Educação I. Título

23-6528   CDD 306.362092

Índice para catálogo sistemático:
1. Estudantes negros – Memória autobiográfica

MISTO
Papel | Apoiando o manejo florestal responsável
FSC® C005648
www.fsc.org

Ao escolher este livro, você está apoiando o manejo responsável das florestas do mundo, e outras fontes controladas

2025
Todos os direitos desta edição reservados à
Editora Planeta do Brasil Ltda.
Rua Bela Cintra, 986, 4º andar – Consolação
São Paulo – SP – 01415-002
www.planetadelivros.com.br
faleconosco@editoraplaneta.com.br

Querido estudante negro

Bárbara Carine

🌐 Planeta

- APRESENTAÇÃO
- ANTES MESMO DE EU LER, JÁ ME LIAM
- CONSTRUINDO MEMÓRIAS DE RACIALIZAÇÃO
- NEGRA, EU?!
- FOI SOBRE MÉRITO, NÃO SOBRE MERITOCRACIA!
- TORNEI-ME A INTELECTUAL QUE EU NÃO VI
- RECONSTRUINDO NOSSOS IMPÉRIOS
- SUGESTÕES DE LEITURA

7

17

33

61

85

111

135

153

APRESENTAÇÃO

Este não é exatamente um livro de ficção, mas um livro que contém as memórias sobre a minha vida escolar e acadêmica relatando experiências de racismo associadas ao classismo que me atravessaram nesses contextos educacionais formais. É uma narrativa sobre a vida de alguém ou, na verdade, acho que nem existe uma categoria em que as histórias aqui presentes poderiam ser inclusas. Seria mais preciso dizer que esta é uma meia-ficção (risos). Calma, eu explico.

Nesta obra, uma estudante negra troca cartas com um amigo que conheceu na infância e que, como ela, é um estudante negro. As vivências relatadas pela jovem são situações vividas por mim, a autora, ao longo de minha vida educacional desde a educação infantil, passando pelo ensino fundamental e médio até a graduação e a pós-graduação (mestrado, doutorado e pós-doutorado). Essa trajetória estrutura o livro, uma vez que cada capítulo apresenta cartas de cada um dos referidos períodos.

Os protagonistas, a menina e o amigo, bem como as pessoas mais próximas, mães, pais, não são nomeados. A ideia é abrir espaço para que qualquer estudante negro brasileiro se identifique, visto que a maioria das nossas histórias de vida são cruzadas. São cartas de um "Eu Coletivo". Uma história que é de uma alguém, justamente por ser a narrativa de todo mundo. Os anos em que as histórias se passam também não são especificados, remetendo ao fato de que, por mais que tenhamos pequenos avanços ao longo dos tempos, não importa o ano, pode ter sido há cinquenta, trinta anos, ou hoje... as experiências escolares de pessoas negras no Brasil seguem sendo muito duras e bastante discriminatórias, e, infelizmente, a qualquer momento, as vivências se encaixam.

Apesar de serem dois jovens negros da mesma idade, eles são muito diferentes. A moça, que traz a história da minha vida, é tipo eu, uma mulher negra de pele não retinta, de origem periférica e que cresceu na favela com todas as ausências materiais e imateriais a que a sociedade submete esse espaço. Já o estudante a quem as cartas são dirigidas é um jovem preto, negro retinto, nascido em uma classe social mais abastada, que não experiencia carências materiais objetivas, mas que ainda assim tem a sua subjetividade completamente atravessada pelo racismo estrutural, que vai forjar as suas experiências sociais. Nesse texto, não leremos uma carta escrita por ele na íntegra, mas é possível perceber pelas respostas da menina que mesmo a classe social não o protegeu, não apagou a sua constituição racial, apenas possibilitou experiências racistas dentro de outros espaços sociais.

Vamos dizer então que é uma autobiografia ficcional (risos). Nunca ouvi falar disso na minha vida, mas foi como consegui descrever o texto aqui. As cartas enviadas atravessam a vida escolar dos protagonistas. A menina escreve primeiro cartas no jardim de infância; e aqui permita-me a licença poética de uma criança que ainda não aprendeu a ler nem escrever formalmente redigir uma carta. Depois, há cartas nos ensinos fundamental e médio; outras na graduação e na pós-graduação; e duas últimas cartas, ao final de tudo, quando a menina traz somente as experiências de aprendizagens que foram emancipatórias para ela e, por consequência, para a comunidade em que está inserida. As cartas trazem as experiências de racismo e de classismo vividas pela jovem negra e interagem com as histórias supostamente trazidas por esse estudante negro nas cartas que ele também enviava para a jovem.

A linguagem e a complexidade das cartas também vão se moldando aos diferentes estágios da vida. Tudo começa com uma narrativa um pouco mais pueril e uma linguagem marcada pela coloquialidade, e termina com terminologias e conceitos já presentes no linguajar de uma estudante madura, pós-doutora, que escreve para um amigo que também se desenvolveu, sobretudo intelectualmente. As cartas falam desse passado muito recente, de feridas abertas, ainda latejantes, mas com um tom descontraído para que o leitor e a leitora possam seguir imersos na trama, buscando alcançar o desfecho dessa história ou dessas histórias. Histórias cheias de tensões sociais e raciais que perpassam, de modo aparentemente sutil, mas muito elucidativo, temáticas muito presentes na ordem do dia, como: relações inter-raciais, colorismo, racismo institucional, genocídio negro, autoestima negra, tensões raça-classe, tensões raça-gênero, interseccionalidade, descolonização de saberes, críticas a epistemologias brancocêntricas etc.

É importante dizer que este não é um livro sobre superação; não há como ser negro em um país tão racista como o nosso e superar a ferida colonial aberta em nós. Engana-se o preto que diz "cheguei lá" e acha que tem uma história de superação para contar e inspirar os outros. Me diga, chegou lá aonde? Será que essa pessoa percebe que se sentou à mesa na sala de jantar da casa-grande enquanto os companheiros, as pessoas que ele mais ama, se alimentam junto aos animais na senzala? Não! Não houve superação; houve incorporação ao sistema que machuca e oprime. A diferença é que agora ele está mais pertinho para ser estudado, vigiado e controlado. Trata-se do cenário perfeito para o opressor chancelar, ou validar, sua identidade antirracista: "o meu funcionário preto", "o meu amigo preto", "o meu companheiro preto", ou seja, "um preto para chamar de meu".

Definitivamente este não é um texto sobre superação, mas sobre diferentes percepções e níveis de compreensão do que é ser negro neste país. Já adianto que não será uma leitura fácil, sobretudo para pessoas negras, porque tenho certeza de que ela vai te fazer voltar lá atrás e juntar os cacos daquele que você já foi um dia e que, talvez, ainda siga estilhaçado pelo caminho. Espero que você reúna parte por parte e entenda como esse reencontro doloroso é fundamental no seu processo de cura.

Este é um livro voltado para o estudante negro, visando que ele se sinta acolhido e menos solitário no mundo. É, sobretudo, um livro para o estudante negro imaterial, aquele que existiu um dia na pessoa negra adulta e que sobrevive dentro dessa pessoa, sendo pauta de sessões terapêuticas, sendo memórias acionadas em gatilhos contemporâneos. É um convite ao reencontro desse estudante que está aí em você, que não há como apagar, sufocar. Você pode até fingir que ele não existe, desativar as lembranças das variadas vivências dele, mas isso não solucionará o problema; é preciso se reencontrar com este estudante, não sei se para reconciliar-se com ele, mas principalmente para entendê-lo e perdoá-lo. Por fim, essa é também uma narrativa para quem deseja entender o universo dos estudantes negros, seus responsáveis e professores antirracistas.

Convido você, então, a mergulhar comigo nesta narrativa altamente pedagógica que é também a minha própria história, organizada de modo a transbordar os elementos centrais que foram constitutivos não só da minha subjetividade, mas sobretudo da minha intelectualidade. Compreendendo que é uma história pessoal e, também, de muitos outros negros brasileiros. Espero que seja potente.

Uma excelente leitura para você.

ANTES MESMO DE EU LER, JÁ ME LIAM

Querido estudante negro,

Como é bom voltar a falar contigo! Desde que você veio passar as férias aqui na rua com sua tia Célia, nunca mais conversamos. Umas semanas depois que as aulas voltaram, encontrei sua tia e sua prima na rua e pedi seu endereço à sua tia para voltar a me comunicar com você. Ela me disse que você ia gostar, e ouvi ela dizendo pra meu painho que sua mãe teve um período difícil, alguma coisa com cirurgia e tumor, não entendi direito. Mas entendi pela conversa que – graças a Deus – deu tudo certo. Deu mesmo, né?

Ah, e eu sei, cartas parecem um meio de comunicação meio arcaico, mas acho afetuoso. Gostou das palavras novas? Vou entrar pra escola, então minha vó me levou na biblioteca da comunidade e a gente leu o dicionário na letra A. Arcaico significa velho, antigo. E afetuoso é de carinho, cuidado. Acho que é assim que me sinto com a amizade que construímos naquele verão.

A gente mora longe, e, pelo que me disseram, sua

casa fica em bairro de rico. Mas acho que temos bastante em comum, não é mesmo?

Enfim, é muito bom conseguir escrever pra você.

Não sei o que as pessoas escrevem em cartas. A menina da rua disse que no segundo ano ou no terceiro eu descubro. Mas tá longe. Por isso, decidi te contar um pouco sobre mim. Principalmente sobre a escola, porque é minha primeira vez nesse lugar e acho que em algumas coisas você vai me entender melhor do que algumas amigas minhas. Sua escola também é de rico, né? Meu pai disse que não é pra ter diferença, mas eu sei que tem. Será que você vai conseguir entender mesmo o que uma menina pobre tá falando? Acho que sim. No fim das contas, na escola acabamos tendo experiências muito parecidas.

Fui à escola pela primeira vez este ano, acredita? E já escrevo tudo isso! Minha vó me ensinou antes de eu entrar. Acho que você não sabe, mas, apesar de termos a mesma idade, ingressei na escola só um ano depois de você. Não sei por que também. Mas eu estava bem ansiosa porque mainha falava muito desse lugar. Na verdade, ela continua falando muito. Ela diz que a escola vai me trazer oportunidades que a vida não trouxe para ela. Acho que isso é uma coisa boa, não sei o que pensar direito, mas acredito nela. Sua mãe também te fala isso? Não foi ela que passou no concurso para ser a primeira juíza negra do nosso estado?! Acho que a sua avó falou a mesma coisa pra ela também...

Enfim, os primeiros dias da escola foram legais. Fiz novas amizades, tem gente de todo tipo, sabia? Aprendi as letras, os números, as cores, e parece que tenho mais controle sobre os movimentos dos meus dedos. E como foram seus novos dias na escola?

Querido estudante negro,

Não sei como é na sua escola, mas aqui a professora é branca retinta. Moça bem alva, tem cabelos longos e lisos que vão até a cintura. Os olhos são verdes, os primeiros que vi aqui por essas bandas. Ela fala doce, a cara da beleza e da bondade, nem sei como veio parar aqui. Tudo bem que ela é dona da escola. Não sei como é aí na sua região, mas já percebi que por aqui na quebrada todas as pessoas donas de estabelecimentos são brancas. Mas voltando pra tia Lisa, ela ainda é abaixo do tom do branco comum aqui. Sou encantada por ela, mas tenho a sensação de que ela não é tão apegada assim a mim... não sei o motivo. Por isso faço de tudo para chamar a atenção dela: às vezes vou no banheiro, molho os olhos e finjo que estou chorando; às vezes, enfio o lápis em algum colega só para mostrar a ela que estou ali. De vez em quando fico triste e, em outros momentos, revoltada. Tudo isso pra ser vista por alguém por quem sou fascinada.

Ah, acho que estou gostando de alguém na escola. Ele é um menino branco de cabelo ruivo, acho que na verdade todas as meninas e meninos da sala gostam dele. É tão gentil e diferente, ele é o mais claro da turma. Mas é, como painho diz, um branco-escuro. Não sei o que isso significa, mas dizem que aqui na favela ele não é preto não, e lá fora branco também ele não é. Vai entender isso, né? Eu lembro que você disse que na escola seu apelido era Cirilo, porque no primeiro ano você gostava de uma mina branca – se bem que você aí não tinha muita opção. Você ainda gosta dela?

Tô pensando aqui e queria entender o que as minas brancas têm. Dia desses, teve a escolha de uma parada chamada Rainha do Milho, é meio que uma espécie de miss das festas juninas, você deve saber qualé. Não sei bem qual é o critério de escolha, mas nenhuma menina parecida comigo foi escolhida. Foi eleita a sobrinha da professora, que aliás é bem parecida com ela e com as moças que fazem os programas infantis da TV. É ruim, mas é bom. Ruim porque não pareço nem um pouco com elas, bom porque não é culpa minha, saca? É tipo uma marca de nascença, não fiz nada de errado para não ser eleita, para não me parecer com elas, eu simplesmente não pareço. Acho que o problema está em todas as meninas tipo eu. Porque aí ser errado é um estado "natural", e não por causa de um vacilo meu. Ufa, nascer errado é menos pior, né?

Querido estudante negro,

É bom receber uma resposta sua. Pelas últimas coisas que você me contou, parece que mesmo tendo grana pra comprar o que quiser, o seu dinheiro não te protege, né?

Vou sempre para a escola "um brinco só". Mainha diz: já que nascemos pobres e com a pele escura, pelo menos temos que ser limpas e arrumadas. Mas acho que isso não tem muito a ver com pobreza, pois você é negro de posses e sua mãe tinha a mesma preocupação. Lembro que quando a gente foi na praia, você disse que andava sempre com mochila bem fechada para não plantarem nada de errado nela. E sua mãe remendava: "não corra à toa também não, hein? A gente vai pro mercado e você não me abra a bolsa lá dentro. Não é pra tocar em nada, fica com as mãos sempre à mostra na saída". Quanta regra pra lembrar, né? Fico cansada.

Mas voltando a falar de mainha, ela me manda pra escola com o cabelo penteadíssimo, tão esticado que chega fico com o olhar esticado, dá dor de cabeça e as porra. Mas eu gosto. Tenho a sensação de que quanto mais estico o cabelo, mais o fio pode se acostumar e já sair de dentro da cabeça esticado. Eu quero muito ter um cabelo esticado, sabe? Não é nem por não achar meu cabelo bonito, eu acho as tranças que mainha sempre faz muito bonitas, e as tranças soltas trazem balanço ao meu cabelo, que sempre parece imóvel, estático. Mas eu queria um cabelo esticado só pra receber um carinho na cabeça mesmo. Percebo que todo mundo sempre passa a mão na cabeça da sobrinha da professora, fazendo um carinho no sentido do crescimento do cabelo, que é de cima para baixo, mas o meu cresce de baixo pra cima, então acho que as pessoas ficam confusas e não sabem como fazer.

Sabia que lá na rua o pessoal tá me chamando de "moleque macho"? Mainha tem o maior medo de eu ser sapatão igual à minha irmã, estavam até dizendo que ela não sabe educar meninas. Vai entender, né?! Deve ser porque eu amo jogar bola na escola, e por aqui tia Célia tem um quintal bacana. Geralmente não ligo pro que os outros dizem, mas o que me deixa fula é que no outro dia na partida caí e... enfim, todo dia eu caio brincando de mil coisas, não me leve a mal, cair não é o problema. A questão é que se ninguém liga quando eu caio na escola, quando eu caio aqui na rua ligam muito menos. "Ligar" assim de ajudar a gente a se levantar mesmo, entende? A pró só grita de longe: "levanta logo, que você é uma menina forte".

Acho que devo ser forte mesmo, sei lá.

Querido estudante negro,

Vou te contar uma coisa, mas não precisa ficar com ciúmes, tá bem? Fiz outro amigo. Ele é muito querido, assim como você. É um menino massa demais, preto, inteligente e muito lindo, a gente joga bola junto no recreio. Estamos na mesma sala, mas ele sabe ler mais rápido do que eu. Gosto dele demais.

Teve uma coisa que não entendi. Dia desses, fizeram uma lista das pessoas mais bonitas da sala. Veja, o povo ainda nem aprendeu a escrever direito, só sabe escrever o nome dos colegas, e já usou isso para fazer uma lista das pessoas, da mais bonita para a mais feia. Você acredita que o meu amigo ficou no final da fila? Não entendi nada. Ele até tentou segurar a onda, mas notei que ele ficou bem mal com isso. Eu disse a ele que a lista era sem noção, que ele era lindo de verdade. Mas acho que é que nem painho diz: "a palavra errada dos outros entra como navalha na gente". Né?!

Depois disso o meu amigo, que era todo estiloso, passou a ir para a escola menos arrumado, e parou de falar com todo mundo. Sei lá, mas acho que não importa o que ele faça ou como ele pareça, ele sempre teria o posto de "mais feio da turma". Fiquei bem triste por ele ter acreditado naquela lista estranha.

Na sua escola fazem isso? Espero que não.

E por falar em aprender a escrever, preciso te contar que aprendi a ler de vez agora, no finalzinho do infantil. Parece mágica, sabe?! Várias palavras que a professora colocava na lousa, que antes pareciam códigos indecifráveis, hoje me revelam o mundo.

Acho tão bonito ler, gosto de letras. Minha avó me ensinou a ler o mundo, mesmo ela não sabendo ler do jeito que aprendi na escola. Acho que por isso também gosto de ações, sorrisos, olhares.

Livros guardam universos... quando inicio uma leitura, acesso uma parte de mim com uma imagem que não fui eu que criei, que vem do outro. Quando a gente fala com outras pessoas é tipo isso, não é?

O primeiro livro que li foi *A vaca no telhado*, conhece? Ele conta a história de uma vaquinha que subiu no telhado de uma casa quando uma enchente inundou a cidade. Depois que a água baixou, a vaca ficou lá no telhado, com medo, e a cidade toda se mobilizou pra tirar ela do telhado da casa. Parece uma história tensa, né? Mas é muito engraçada. No final deu tudo certo, graças a Deus, mas durante a leitura fiquei aflita, preocupada com a pobre da vaquinha. Pensei em vários modos de tirar a vaquinha de lá de cima.

Acho que quando eu crescer vou escrever livros. Quero gerar isso nas outras pessoas. Fazer com que elas entrem na história, entendam o que eu acho do mundo. Sei lá, concordar ou discordar do que eu penso. Enfim, quero que me leiam, leiam o que eu escrevo, leiam quem eu sou. Quem eu sou pelo menos durante a escrita, né?

Porque a gente é movimento e se constrói gente no processo da vida. Poxa, falei sério igual painho agora. Painho você lembra que não mora mais lá em casa, né? Mas todo dia que vem nos visitar, ele dá uma ideia cheque.

Querido estudante negro,

Antes de te responder, deixa só eu contar que nessa semana me formei, foi uma... solenidade (eita palavra grande com som de nome). Foi bem bonita. Mainha foi com minha tia.

Tinha cartazes com o ABC por todo canto. As famílias estavam todas sorridentes. Mainha disse que era como um sonho, que a gente começava a trajetória dos filhos sendo o que eles não foram. Mainha mesmo aprendeu a ler, só que não concluiu os estudos. Mas também, como concluir os estudos se ela saiu com nove anos do quilombo para vir pra capital trabalhar como empregada doméstica?

Ela me disse que só foi entender isso muito depois, que a patroa dela dizia que mainha foi trazida do interior para brincar com a filha dessa mulher aqui na cidade. Mas mainha sempre me diz duas frases com muita ênfase: "você não vai ser como eu, vai pegar em livros, não em vassouras" e "a roda da história tem que girar pra frente".

Acho que de alguma forma eu sou a continuidade da história dela e da minha vó, e da minha bisavó. Eu quero mais.

Ali na formatura do jardim de infância pude ver os olhos cheios de lágrimas das pessoas. Mainha disse que era lágrima de esperança, daquelas que lavam as memórias de dor de uma vida limitada pelas ausências. Achei bonito, mesmo que ainda não entenda direito.

Mas bem, me formei e estou indo para o ensino fundamental, vou aprender ciências e ler muito mais.

Agora, te respondendo: estou muito animada que você vai passar uns dias de férias aqui. Queria mesmo que a gente brincasse o dia todo até nossas mães gritarem por nós da janela e a gente aparecer imediatamente de onde quer que estivesse.

Vou me despedindo para o texto não ficar muito grande e você se cansar de me ler. Te espero!

Um abraço com afeto, meu amigo.

CONSTRUINDO MEMÓRIAS DE RACIALIZAÇÃO

Querido estudante negro,

Muito obrigada por sua visita nas férias, fiquei contente de ver você e sua mãe bem. Por aqui as aulas já voltaram, então vou te atualizar das minhas andanças escolares.

Agora estou me sentindo uma criança grande, já tenho matérias diferentes na escola. Ao contrário do que todo mundo esperava, até eu mesma, amo matemática e ciências. Acho divertido fazer as listas de exercícios de matemática inteirinhas sem conferir o resultado pra no final checar no gabarito e ver o quanto acertei. Modéstia à parte, geralmente acerto tudo. É bem divertido! Parece uma coisa boba, mas você sabe que o estudo é muito importante pra mim.

Desde que vi aquele monte de adulto tudo emocionado com a formatura das crianças, não penso em outra coisa. Painho chamou de revolução silenciosa. Eu achei graça. Pra mim é uma revolução demorada. Fiz as contas e descobri que vou passar onze anos na escola. Nem consigo pensar em tudo isso de tempo.

Mas tudo é com moderação, que nem minha vó diz. Então eu estudo de manhã, brinco um pouco na rua, depois ajudo nos corres de mainha e, de final de semana, vou para as festas no largo do Ponto Farol. Samba Prego Duro é o meu preferido. Você gosta também, não gosta?

Meu irmão acha cedo, diz que sou muito nova pra ir lá. Você mesmo já viu ele correndo atrás de mim no pagode para me levar de volta para casa, mas você sabe que eu sempre dou um perdido nele!

Enfim, devagar e sempre.

Mainha me colocou num colégio particular. Uma escolha péssima! Odiei, e não adianta nem me falar que vai ser legal, você não vai nem entender o que eu sinto, porque tá em uma dessas escolas faz tempo. Já chorei e fiquei sem falar com ela por um dia inteiro. Minha vó disse pra eu deixar de moda que mainha quer dar o melhor para mim.

Mas não sei... Eu vejo você aí, um menino mais escuro do que eu, que tem mais grana, que vive aí nesse prédio de gente rica, que estuda em escola de gente rica, mas que é o único preto em todos os lugares.

Você mesmo disse que isso não é uma coisa boa. Eu lembro quando me contou que te apelidavam de tudo quanto é nome possível: Pelé, Jacaré, Mussum, Vera Verão, sem contar que gosta de meninas e meninos, e não tem ninguém com quem dividir isso.

Eu sei que no meu caso a situação vai ser mais difícil. Primeiro que é uma merda todos os meus amigos da rua irem para a escola do bairro e eu ser a única que vai um pouco mais longe pra ir à escola chique. Tenho certeza de que todo mundo vai ter assunto em comum, menos eu, porque não estudo com eles.

Além disso, você sempre soube que mainha cozinha bem, né? Então, ela começou a vender marmitas de almoço para o pessoal da escola e estamos fazendo esse dinheirinho, pra somar com a venda dos geladinhos e das bebidas lá em casa. Por isso estou mudando de escola. Mas aí já me aporrinhei quando ouvi umas fofocas aqui no bairro dizendo que mainha tá montada na grana, quando, na real, a gente é tão lisa quanto todo mundo.

Se a gente fosse rica, eu que entregava as marmitas? Eu que saía da aula meia hora antes do final, passava pra pegar as marmitas e voltava pra entregar os pedidos? Esse povo só fala. Me sobe um ódio que nem sei.

Mesmo assim é bom, pelo menos eles divulgam a minha mãe. Tem muita gente comprando, por exemplo, alguns professores e professoras, a secretária, o rapaz da limpeza e a moça da cantina da minha antiga escola (segredo: certa vez, até troquei uma marmita por três lanches, claro que depois fiquei desesperada pensando como explicar isso pra mainha).

Vou te contar outro segredo: minha mãe não é boa com massas. É raro ela acertar o ponto, outro dia mesmo o moço da limpeza me falou "Diga à sua mãe que o macarrão ontem estava uma papa", eu respondi que ia falar. Quando cheguei em casa e ela perguntou, como sempre, se gostaram da comida, eu respondi que "sim, adoraram". Eu sei que é errado não contar a verdade, que é feio mentir pela mentira em si. Mas nesse caso achei melhor preservar mainha. Eu não consigo trazer nenhuma palavra que cause mais dor e constrangimento do que a vida já traz a ela.

E o pior é que ela quase não chora, só sei que mainha sofre porque presto atenção nela. Mas se eu fosse pensar bem, diria que a maioria das mães negras faveladas parecem não adoecer, sofrer, nem chorar. Pelo menos a minha não aparenta nada disso, segura as barras da vida sempre ali firme, robótica, calejada, parece que faz tempo que já não sente nada. Nem vontade de chorar, nem de rir.

Nem sei por que eu estou pensando nela, ela vai me mandar pra um lugar horrível...

Querido estudante negro,

Assim, o povo da minha escola é bem diferente de tudo o que eu esperava, mas igual também. Não é que nem na sua, que só tem branco retinto. Nem que nem na minha antiga escola, que tinha de tudo um pouco. É um público com pouquíssimos retintos, como você, muitos marrons, como eu, e uma quantidade significativa de branco-escuros. Mas eu já vi que todo mundo se acha superior por estar ali, mesmo sendo um monte de criança favelada. Sem zoeira, eles disputam tudo entre si: disputam qual é a melhor merenda, quem comprou o último lançamento dos Backstreet Boys, quem vai com a melhor roupa para o passeio no parque etc. Um grande inferno: eu não tenho nada para disputar.

Outro dia eles tavam lá falando disso e daquilo. Até me lembrei de uma vez que fui num show e que foi muito divertido. Eu nem sabia de qual banda era; um rapaz que circula aqui na rua me convidou para ir, eu aceitei e fui. Dizem que ele vende drogas, mas como é legal comigo, toda sexta-feira me doa um monte de revistinha da Turma da Mônica, nem liguei pro que o povo diz.

Fiquei solta lá no show, o cara me deu uns vales--refeição para eu me virar e marcou um ponto de encontro quando acabasse pela manhã. Foi bem louco e divertido. Eu realmente nem sei te dizer se gostei da banda, mas gostei de ir. Se fosse pra escolher, eu iria a um show de Sandy e Junior, de quem eu sou fã, mas ninguém da escola pode saber disso, beleza?

Eu sei que você deve estar se perguntando o porquê disso, e eu vou tentar te explicar. Lá na escola as meninas têm todos os CDs, principalmente aquele conjunto maravilhoso de *As quatro estações*. Eu já fui à casa de uma colega que compra todas as revistas: *Tititi*, *Capricho*, *Fuxico*. E ela, que tem um quarto só pra ela igual a você, arranca o pôster que tem no meio da revista pra colar na parede do quarto.

Ela comprou uma revista outro dia e me ofereceu o pôster de um grupo de que ela não gostava. Mas lá em casa dormem cinco pessoas em um único quarto, não dá pra fazer isso. Imagina?

Aí eu prefiro dizer que não sou fã de ninguém e nenhum colega fica competindo comigo quem é mais fã. Enfim, já perco publicamente em tanta coisa, não preciso perder nisso também.

Mas, mano, tá acontecendo um bagulho doidão nessa história. Eu nem ia te contar, porque parece que não falo nada de bom há tempos, mas é que mainha não tá tendo dinheiro para pagar a droga da escola. O restaurante deu uma parada agora com esses tempos de temporada baixa, e todo dia o diretor me chama pra entregar o bilhetinho de cobrança das mensalidades atrasadas. No começo ele fazia isso na sala dele, mas agora passou a me encontrar no meio do corredor, na frente dos meus colegas!

É uma zoeira gigantesca. "Ihhh, caloteira", "tá devendo", "paga a escola, rapá". Eu quero me esconder, sumir dali. Nunca que eu passaria essa humilhação lá na outra escola.

E não sei se te contei, mas eu tenho fixação com a cantina desse lugar de merda. Tem tanta coisa lá, doce, salgado, salgadinho, refrigerante, uns melzinhos pendurados no balcão.

É um consumo de prestígio comprar o lanche lá, e as pessoas gostam de ser vistas com os salgados e refrigerantes na hora da merenda. Pra mim nunca rola. Hoje mesmo mainha me mandou com um pão de sal com margarina esquentado na frigideira. Eu nunca reclamo, porque sei que ela faz exatamente o que pode, na verdade, até mais. Mas, na hora de comer, eu sempre fico escondida no banheiro. Não quero que os colegas vejam e me humilhem por isso, sabe?!

Já me enchem o saco porque outro dia foi assim: chegaram e me ofereceram um salgado de lá. Meus colegas de turma mesmo. Eu olhei e perguntei desconfiada se era real que estavam me dando um salgado e o pessoal disse que sim. Me desarmei e comi feliz o lanche. Mesmo sem o suco, eu estava feliz demais naquele momento. Fazia tanto tempo que eu não comia, e tava muito bom. A gente ficou por ali conversando e comendo. Mas quando terminei o lanche, todo mundo começou a rir muito. Era de mim. Me contaram entre risadas que o salgado era do chão, que tinha caído e, em vez de jogarem no lixo, me deram para comer.

Eu nem pensei em bater em alguém nem discutir, nem xingar. Nada. Era muita gente, e eles riam tanto. Se eu me concentrar, ainda ouço o som que eles faziam. Naquele momento, apenas me recolhi na tristeza da minha alma. Uma dor que ficou refletida no meu olhar perdido e lubrificado.

Nem contei em casa. Para não dar problema para os colegas na escola, muito menos pra mim mesma. Até porque se quando eu caio ninguém faz nada, imagina só se minha tristeza afetaria alguém.

Eu sei o que você vai falar, mas eu não posso contar pra mainha. Eu te conto tudo isso porque você é meu amigo. Mas nem que eu contasse aqui em casa, mainha não iria à escola nova.

Eu acho que é por dever, por estar ocupada trabalhando.

Mas pode ser vergonha. A única vez que mainha foi na escola me buscar, voltou para casa em prantos chorando. Foi semana passada, e o diretor cobrou ela da mensalidade na frente de muita gente. Aí na volta, ela chorava de um lado, e eu do outro, enquanto pedia para voltar para a escola pública.

Na real eu chorava mesmo porque nunca suportei ver mainha sendo humilhada, saca? Você também é assim?

Querido estudante negro,

Esses dias dei meu primeiro beijo!

Foi um selinho brincando de "pera, uva, maçã ou salada mista" na minha rua. Fiquei bastante envergonhada depois. Eu tinha a sensação de que todo mundo ficou sabendo, de que logo me dariam bronca ou me colocariam de castigo. Mas na verdade nenhum dos adultos sabia, era só uma impressão mesmo. Foi muito massa!

Sei que para você esse é um assunto difícil, pois meninos pretos de classe média como você não costumam beijar tão cedo quanto a gente aqui na favela. Talvez você passe a adolescência toda BV e, o que é pior, apaixonado por esse povo aí padrão de novela, que nunca te olha como uma opção diferente de um amigo.

Enfim, você sabe que eu sempre me vesti mal pra caramba, né?! E que todo dia me chamam ou de "cabelo de bombril", "nega do cabelo duro", de "cabelo pixaim". Não sei se te falei, mas pra ajudar a abaixar o cabelo até passo alisante nele. Às vezes, deixo mais tempo do que o recomendado, que é para ver se o produto entra nos poros e alisa o fio desde lá de dentro para já sair liso. Nem sei se é assim que funciona um "alisamento permanente", mas vai que dá certo, né?

Mas, enfim, quando cheguei na escola no dia seguinte ao beijo, estava me sentindo supermadura, do alto dos meus onze anos. Nem pensei na roupa ou no cabelo. E ali ficou claro que não é nem falta de estilo, é falta de dinheiro mesmo!

Até porque quando eu fui em outro show, a namorada daquele rapaz que diziam que era traficante lá na rua me emprestou uma roupa. Zorra, pivete, fui na maior beca para esse show. Passei até ferro no cabelo, saí com o couro cabeludo e as orelhas todas queimadas. Saí. Mas de noite estava belíssima com meu cabelo liso igual crina de cavalo.

A merda é que desde então estou viciada em pegar as roupas dessa garota emprestada. No dia seguinte, fui para a escola com a bermuda jeans dela que era de marca. Você acredita que me notaram e que não foi para me humilhar? Comentaram "porra, tirou onda de Taupys!". Cara, aí eu me achei, pedi outra roupa emprestada, e outra, e outra, e até hoje, sempre que vou para a escola com as roupas dela, sou sensação na turma. Acho isso incrível, mas você e eu sabemos que eu preciso parar, né?!

Esse final de semana fui ao aniversário de quinze anos de uma menina da escola que mora aqui no bairro. Não peguei roupa emprestada, fui com uma roupa que tinha ganhado: um short de lycra preto, de cintura bem alta, que eu dobrei bastante o cós, com um top preto de lycra também; e nos pés usei um tênis preto e branco que recebi de doação. O problema é que meu pé é 37, e o sapato era 39. Fui para a festa na intenção de me divertir, mas minha roupa nunca foi tão zoada. A galera dizia que não entendia se eu ia iniciar a aula de ginástica na festa ou uma apresentação de circo, pelo tamanho grande do meu sapato. Véi, eu senti tanta vergonha. Tanto ódio da minha vida, ódio de estar viva mesmo, entende? Todo dia me pergunto por que Deus me deixa passar por essas coisas, sabe? Depois disso decidi que se eu não tiver roupa para ir decentemente para os lugares, eu não vou.

Vira e mexe, cometo uns vacilos, mas tenho minha índole, meus princípios, sei que essa história pode não acabar bem. Não sei de onde vêm essas roupas... Andei pensando em comprar uns panos de linhagem e fazer umas saias. Lembra que já fiz umas com tecido de pano de chão, que eu mesma grafitei? Eu sei que consigo. Já que vou voltar a ir sem marca para a escola, quero pelo menos ir estilosa, irreverente, saca? Você gosta desse estilo?

Talvez eu nem seja a melhor pessoa para falar de estilo, mas a questão não é o gosto, e sim a falta de grana mesmo. Apesar de eu achar que tem uma relação entre essas paradas aí. Tipo falta de dinheiro produz falta de estilo também, você não acha? Tipo, se eu sei que não tenho grana para comprar roupas, não vou ficar muito antenada nessas coisas não, pra não passar vontade. E aí acabo não entendendo de moda.

Mas ter estilo também nem adianta muito para gente que não tem a pele leitosa, não é mesmo? Você, por exemplo, anda por aí bem-vestido, cheio das roupas de marca e, mesmo assim, você me disse uma vez que os seguranças volta e meia querem te colocar para fora das lojas. Você disse que se afastou um pouco da sua mãe, e aí deu no que deu, mainha disse que sua mãe deu um escândalo na loja, e que você ficou congelado que nem besta. Sinto muito por isso e por repetir o xingamento. Só que eu fico nervosa, parece que nada vai afastar o olhar ruim dos outros da gente, que esse olhar cruel não lê vestimentas, lê apenas tons de pele.

É uma merda. Fiquei bem triste com tudo isso, mas um dia vou ter condições de fazer diferente. Você vai ver.

Querido estudante negro,

Espero que você tenha ido bem no seu teste de matemática. O meu é amanhã, e eu quero ir bem. Se eu tirar uma boa nota, participo das Olimpíadas de Matemática.

Ontem lembrei de um dia feliz que eu tive, pra quebrar a tradição de só te contar coisa triste, sabe? Bem, lá na escola tem duas meninas brancas, que são irmãs gêmeas e bem bonitas (como todas as meninas da cor delas). Elas moram em uma bocada superperigosa aqui na favela. Mas a casa delas é superbem decorada por dentro, bonitona mesmo, quase igual à sua. Ouvi dizer que a mãe delas, que é muito gata também, é amante de um grã-fino que mora bem longe daqui e vem visitar uma vez por mês. Mas a gente sabe que o povo fala demais, não dá pra saber se é isso mesmo.

Enfim, essas minas são gente boa. Me convidam volta e meia pra gente brincar e nunca fizeram zorra com minha cara. A gente só não é tão grudada porque eu ajudo minha mãe, né? Mas esses dias tive certeza de que elas gostam de mim. Saca aquele parque de diversões com nome difícil? Pois bem, fizeram um passeio para lá. E, cara, a entrada era dez reais mais o que ia comer lá, mas eu não tinha essa grana, nem mainha. Tava malzona, já, e não falei nada na escola, pra ninguém rir de mim. Quando as gêmeas souberam que eu não poderia ir por falta de dinheiro, pagaram minha entrada no parque. Sem mais nem menos. Não sei se pediram pra mãe ou já tinham. Sei lá.

O importante é que não me deixaram na mão. Fiquei tão feliz quando ouvi meu nome na lista da professora que quis chorar. Mas me segurei, porque ia ser choro por besteira.

O dia foi muito legal, eu cheguei toda dolorida em casa, e faminta! Fui sem nenhum dinheiro pra lanche, nem pra água tinha. Mas eu não estava nem aí, o importante era que eu tinha ido no parque de diversões, brincado muito e tido um dia muito feliz, como poucos na minha vida até agora.

Ah, não sei se te contei, mas comecei a fazer umas aulas de modelo-manequim lá na escola. Mas assim, não é porque eu quero não, é porque mainha me obriga, eu acho um saco. Tem que andar de um jeito, tem que fazer pose de outro. Tanta regra e pra quê?

Nada contra, sei que você desfilava e que curte bastante (ainda desfila ou desistiu?). Se continua, preciso dizer que acho uma afronta maneira com quem não te acha tão bonito quanto eu te vejo. Até pra você mesmo, porque sei que às vezes você se acha feio. Mas não te julgo, também me acho feia, mas feia de colocar defeito nos mínimos detalhes: de chegar a achar um lado do meu rosto muito torto em relação ao outro. Eu estou rindo, mas é sério, minha cara é esquisita. Além de ser muito dura comigo nesse ponto, eu sei que sou muito agreste, muito braba, sem delicadeza e fineza nos movimentos. Não sou cheia dos não me toques que nem você, com todo o respeito, é claro.

Mas você sabe que na maior parte do tempo eu sou um doce de pessoa, né? O povo tem que me aperrear muito para me tirar do meu eixo e eu ficar brava. Não que não consigam, outro dia mesmo aconteceu um bagulho louco na escola: eu fui suspensa porque dei uma vassourada em um colega branco-escuro que trombou em mim. Ele tava com um salgado na mão e rindo de não sei o quê. Amigo, não sei de onde surgiu tanta raiva por tão pouco naquele momento, juro. Eu olhei para o menino e não vi ele, sei lá o que deu em mim. Eu pensei que não vou poder nunca ser que nem ele e surtei, saca? Me arrependi de ter feito isso na hora. O moleque poderia ter se machucado feio.

Você já se sentiu assim? Já brigou na escola por motivo besta?

Querido estudante negro,

Hoje não vou pra escola. Estou boladona, bem triste mesmo.

Semana passada fiz uma maluquice da zorra por conta daquela questão do lanche escolar e outras coisas que aconteceram por aqui. Mainha pediu para eu ir ao mercado comprar um quilo de feijão e uma dúzia de ovos. Lá, depois de pegar o que precisava, eu decidi que levaria também um Kinder Ovo para comer na escola no dia seguinte. O problema é que a grana que mainha deu estava contada, mas eu queria demais aquilo.

Então eu coloquei o chocolate embaixo da camisa e fui passar as coisas no caixa. Meu maninho, eu suava e tremia, nunca que tinha feito uma coisa daquela. A atendente passou as compras e no final mandou eu tirar o que tinha de dentro da minha roupa. Eu, sem pestanejar, entreguei o chocolate com as mãos tremendo e pedi muitas desculpas. Não fui liberada tão facilmente. Depois de dez minutos levando uma prensa do segurança, fui liberada e voltei para casa aos prantos, morta de vergonha. Aí, quando cheguei, contei tudo para mainha e passei o resto do dia chorando no quarto. Mainha não me bateu, mas me pediu que prometesse nunca mais fazer aquilo. O pior é que agora toda vez que eu vejo esse chocolate me dá vontade de chorar.

Mas não foi isso que me deixou triste hoje. Acontece que ontem fui em um pagode no bairro do lado aqui da favela. Fui com um grupinho bacana. Estávamos todos animados e felizes lá. Um som pesado e bom demais, você tinha que ver. E do nada uma confusão geral, ninguém sabe ainda o que aconteceu, saímos da festa numa gritaria só. O grupo em que eu tava se desfez. E o Pastilho, aquele cara que você conhece, que é muito divertido, e amigo de geral, tomou um tiro e morreu.

Voltamos para casa mais do que tristes pela perda de um menino tão legal. Voltamos tristes por não termos conseguido entender o que aconteceu. Vou te dizer, maninho, é desolador você ver jovens tombando, como eu vejo todo dia aqui na quebrada. Não dá pra entender o que leva a isso, por que nossas vidas são tão desimportantes, saca?

Sei que não é tanto sua realidade, você vem aqui só às vezes e turista, não vive. Desculpa a sinceridade, mas eu tô triste.

É uma sensação estranha de não conseguir pensar um futuro, sabe? É assustador eu não conseguir pensar a minha vida daqui a trinta anos, minha mente bloqueia, parece que a gente não é feito pra ter uma noção de futuro. Parece que o que a gente tem é só uma roleta-russa, sabe o que é? Para nós, o futuro é sorte. Queria que a sociedade pensasse mais nisso. A gente tem aula de cidadania, mas que cidadania é essa?

Vejo todo dia gente querida partindo, e a maioria é como você, jovem e negro. É um inferno. Todo dia eu temo pelo não retorno dos meus irmãos para casa, pela vida deles, do meu sobrinho, do meu pai, dos meus tios... Enfim, às vezes parece que nas costas de cada homem negro desse país há um alvo. Sei lá quem colocou lá, mas é... Alguém odeia a gente demais, só pode.

Desculpa mesmo estar desabafando tanto. Eu sei que nem deveria falar sobre isso contigo, imagino que seja um assunto delicado. Sei que seu pai faleceu assim, com uma dessas balas perdidas que parecem sempre achar corpos negros. Sinto muito pelo Pastilho e por você, seu pai sempre estará presente na nossa memória.

Querido estudante negro,

Obrigada pela mensagem de conforto. Fico feliz em saber que você só tem memórias boas do seu pai, mesmo sendo tão pequeno quando ele se foi. Tenho certeza de que ele se orgulha de você e de que seria um ótimo professor pra gente aprender literatura.

Aqui na escola tenho muitos professores negros e negras, muitos moram por aqui mesmo, até foram estudar fora, mas voltaram assim que acabaram a faculdade. Acho que a galera branca que se forma não quer vir dar aula em um bairro perto da favela. Mesmo que o colégio seja particular, ainda é um lugar pouco seguro, e ouvi dizer que eles ganham pouco. Uma vez uma professora, mulher negra como eu, falou um bagulho na sala de aula que ficou martelando na minha cabeça: "se Deus me ajudar, eu vou fazer um mestrado; se ele me ajudar ainda mais, faço um doutorado".

Eu nem sei o que é esse rolê de doutorado, nem sua mãe tem um, ou tem? Mas sei que eu quero fazer isso também, acho que deve dar muito dinheiro para a professora estar falando daquele jeito. Uma pergunta: seu pai tinha doutorado?

O professor de matemática me parou dia desses pra saber se ano que vem, no ensino médio, eu continuaria estudando aqui na escola ou se iria para outra. Eu disse a ele que ia estudar no CEFET, o Centro Federal de Educação Tecnológica, da Bahia, você sabe qual é, né?! É a antiga escola técnica. As pessoas fazem uma prova para entrar, me disseram que ela é pública, federal e de altíssima qualidade.

Mas, véi, você acredita que o professor gargalhou alto na minha cara?! Ele disse que era para eu ir procurar logo minha vaga na escola pública estadual. Eu juro que não consegui entender por que o professor me disse aquilo daquela forma, e tipo, ele é negro. Não deveria me apoiar? A sorte dele é que gosto da matéria.

E tipo, não é somente ele não. Todo mundo aqui da favela, quando eu falo que vou estudar no CEFET, me diz que aquele colégio não é para mim. Que é impossível passar. Mesmo na minha certeza, estou começando a duvidar, saca? Sei lá, espero que dê tudo certo.

Querido estudante negro,

Fiquei feliz em saber que você está indo para a Disney com a sua mãe agora nas férias. Espero que seja uma viagem tranquila e divertida.

Preciso te contar que não passei na seleção do CE-FET. Acho que de certa forma eu consegui entender por que as pessoas falavam comigo de um modo tão duro. Elas conseguiam enxergar a minha incompetência, algo que eu ainda não via. Mainha disse que as pessoas não sabem de nada, que projetaram as frustrações delas em cima de mim como um mal coletivo da nossa gente, algo do tipo "nenhum de nós terá êxito em nada". Não sei se entendi direito. Tenho pensado cada vez mais nessas questões de identidade, sabe?

Mas, enfim, mainha finalmente ouviu as minhas preces e me colocou em uma escola pública estadual, como a galera toda da minha rua. Como não tem escola de ensino médio por aqui, a gente vai para outro bairro estudar. Eu e ela fizemos o caminho juntas quando fomos fazer a matrícula, é mais ou menos uma hora de caminhada. Descemos a ladeira da San Martin, subimos a ladeira do Curuzu e aí finalmente chegamos no bairro da minha escola.

Vou estudar na Liberdade, me disseram que é o bairro mais negro da América Latina. E pelo que vi, é isso mesmo. O maior barato de ir para essa escola é a cultura local do bairro, ver todas aquelas cores vibrantes das vestimentas, os turbantes no topo das cabeças, os tambores do Ilê Aiyê.

Acho que vou amar estudar nessa escola por tudo que vou aprender e, mesmo não tendo passado no CEFET, ainda não desisti da ideia do doutorado (muito obrigada por me explicar o que é, aliás). E também por tudo o que posso fazer por ali, sabe?

Mas vou te falar que às vezes tenho insegurança, sei lá, vejo a galera meio desinteressada, meio sem perspectiva de vida além de trabalhar, sabe? Outro dia estava com três amigas da escola e perguntei o que elas queriam ser quando se formassem: uma disse que queria ser *motogirl*, outra queria ser cabeleireira, e a outra, policial militar. Eu acho muito boas as três profissões, mas estranhei ninguém querer continuar estudando. Eu, obviamente, fiquei com vergonha de dizer que queria fazer doutorado.

Enfim, depois dessa conversa eu decidi que faria novamente a prova do CEFET no final do próximo ano. Não vou contar pra ninguém além de você, não é bacana ficar o tempo todo ouvindo falas de derrota.

Vou estudar muito e na terceira unidade, quando eu já tiver passado de ano, vou pedir a painho para pagar a inscrição, e ele vai aceitar. Mesmo com outra família, painho sempre vem nos visitar em algum momento do dia. Então, sei que quer me ver bem.

    Me deseje sorte!

    Um beijo grande e até já.

Querido estudante negro,

Primeiro peço muitas desculpas por não ter te respondido antes. Recebi todas as suas cartas e li com carinho, mas estudei muito este ano e acabei perdendo algumas coisas. Fiquei muito feliz em saber que você se divertiu nas férias e que você está se divertindo com os desfiles que tem feito. Também sinto muito que você sempre passe por uma revista aleatória no aeroporto. É que nem você disse, na maioria das vezes não é tão aleatória assim...

Pois então, deixa eu te contar a novidade que está me consumindo! Fiz novamente a tal seleção do CEFET. Apenas você, mainha e painho sabiam. Quando o resultado saiu, foi noticiado no jornal na TV, acredita? No dia eu não tinha dinheiro nem de transporte para me deslocar até o bairro da escola para ver os nomes dos classificados nos papéis colados no mural do colégio, nem tinha grana para comprar o jornal impresso. Superansiosa, como você sabe que eu sou, andei os treze quilômetros de distância até a escola, deu umas três horas de caminhada, e quando cheguei lá o meu nome estava bem bonito escrito na lista dos aprovados.

Eu fiquei estática por meia hora na frente do mural, lia, relia, saía do caminho para outras pessoas lerem também. Como que eu iria embora? Não ia, voltava e lia outra vez. Eu juro, não conseguia acreditar. Foi uma sensação tão profunda, sabe? Não era apenas a felicidade de passar em uma prova, ou a alegria de passar em algo de que todo mundo duvidou. Mas foi tipo uma catarse, sabe o que é? Aprendi outro dia, é essa sensação de libertação, de expansão, de descobrir que nem tudo que falavam sobre mim era verdade. Véi, é uma sensação linda entender que o problema não sou eu, mas que há um problema imenso em relação ao que a sociedade pensa sobre nós da periferia. Algo realmente libertador.

Comecei lá faz umas três semanas, peguei auxílio-transporte pra não ir a pé e tem dado tudo certo. A escola é tão bonita, meu amigo. Eu tenho tanto orgulho de vestir aquela farda. Cara, todo mundo fica me olhando pela rua, no ponto de ônibus, dentro do buzu, me encaram como se eu fosse uma gênia. Minha vontade é dizer: eu sou igualzinha a vocês, não tenho nada de excepcional, só os meus sonhos.

Logo na primeira semana de aula o professor de matemática passou uma lista de conhecimentos básicos do ensino fundamental, uma espécie de revisão.

Eu vi os meus colegas, majoritariamente pessoas brancas que vieram das maiores escolas privadas da cidade, respondendo a todas as questões com muita destreza e tranquilidade; já eu não tinha certeza para onde ia, nem de onde vinha. Foi ali que notei que o meu ensino fundamental foi altamente deficitário, muito defasado. Mas enfim, né?! Estou correndo atrás, estudando bastante e me apaixonando de novo por matemática. Lembra quando eu falava que amava resolver listas de exercícios? Pois é, isso voltou a ser uma grande diversão para mim.

Aliás, não sei se já aconteceu com você, mas, no primeiro dia de aula, um garoto, do seu tom de pele, me convidou para participar de um coletivo negro. Era um grupo de consciência negra, chamado Farabale Dudu, criado por estudantes. Confesso que achei o nome meio estranho, mas ele me explicou que é um termo iorubá que remete à luta e à consciência negras.

Mas enfim, como o menino é muito lindo, aceitei o convite e entrei no coletivo só para ficar com ele, e felizmente fui bem-sucedida na missão... hahaha. Inclusive, sua prima me disse que você finalmente saiu do zero a zero nesse seu mundo branco elitizado. Ela me disse que o menino que você beijou é muito lindo. Fiquei feliz por você, espero que tenha outras experiências bonitas logo.

Não sei se vou namorar com o garoto do coletivo, mas gostei de ficar nesse grupo. Sei lá, sabe, lá começaram a acontecer umas coisas muito fortes durante os nossos encontros: eu me reconhecia em cada narrativa trazida ali, parecia que nossas vidas eram cruzadas pelas mesmas histórias. Além disso, lá eles fazem a gente ler aqueles textos difíceis de gente graduada, já li Lélia Gonzalez, Neusa Santos Souza, Abdias Nascimento e alguns outros. Você já leu essas pessoas?

Uma coisa curiosa é que sempre tive uma compreensão racial acerca de mim como uma jovem "morena", "cor de amendoim", "marrom-bombom", não me lia de fato como uma menina negra. Tipo, eu sabia que não era branca, mas também achava que negras eram pessoas pretas iguais a você e o cara do coletivo, saca? Mas eu descobri que eu era negra pelas trocas com aquelas pessoas e pelas leituras que eu fiz. Foi muito doido ver que no meu caso entender a negritude passou pelo tanto de experiências ruins que a minha estética me proporcionou. Ando bastante pensativa sobre essas coisas, sabe?

Lá na escola tem um parceiro que tem até avô branco italiano, mas uns dias atrás levou três baculejos da polícia num mesmo final de semana. Pra você ver, nem respeitaram a ascendência do *brother*. Sendo sincera, eu dou risada, não da situação em si, mas é que agora, com o surgimento das cotas raciais, uma série de afro-oportunistas passou a se declarar negros em virtude de terem uma avó negra ou um avô negro, mas isso é diferente no Brasil. Aqui o que conta é a leitura estética social, ou melhor, a leitura do fenótipo da pessoa, né?

Se pensar bem, o pessoal não respeita nem grana, imagina ascendência. É só você olhar para as situações vividas por você e sua mãe. Um absurdo, cara, vez ou outra ela ser barrada na entrada dos eventos de juristas em que ela palestra. A gente sabe que isso não acontece com pessoas brancas.

É por isso que gosto do conceito do quilombismo, outra coisa que aprendi lá no coletivo. Fiquei com raiva só de pensar que a gente aprende que quilombo é um lugar de negro fugitivo e covarde, que, ao se esconder, preferiu abandonar os outros no sofrimento. Aprendemos que quilombo é algo do tempo passado, mas isso só funciona dentro da lógica ocidental branca. Quilombo é uma organização existencial e política ativa, que reúne pessoas negras que aspiram um sonho de liberdade e de crescimento coletivo. É sobre outro modo de vida, um que passa por uma ideia de liberdade comunitária, saca?

O nosso coletivo pensa e se constrói a partir de noções quilombistas. Gosto bastante dessas ideias, sabia? E tenho visto as ações na prática, tipo, mesmo com o auxílio, às vezes acontece de eu não ter dinheiro de transporte para voltar pra casa, porque mainha usa meu cartão pra ir trabalhar. Aí tem dia que eu peço aos vizinhos da minha rua, e muitas dessas vezes eu ouço humilhações diversas, mas, como eu sei que no dia seguinte talvez eu peça de novo, não posso brigar com ninguém. Ou seja, quando a humilhação vem, eu simplesmente finjo não entender. Enfim, outro dia uma mana preta lá do Farabale Dudu me deu o dinheiro de transporte dela e me disse: "Hoje você não vai voltar para casa andando, tome aqui o meu transporte, não me importo de voltar andando".

Amigo, eu fiquei em choque, tentando entender por que essa moça fez isso, sem ser minha familiar, minha amiga, nos conhecemos ali fazia pouco tempo. Perguntei a ela, que me disse que éramos irmãs na ancestralidade e que aqui na diáspora a gente só tinha a gente. Ela disse que precisamos cuidar uns dos outros.

Desde então, decidi voltar a fazer meus corres na escola pra completar o dinheiro do transporte. Tenho uma vizinha que vende uma trufa de prestígio maravilhosa a cinquenta centavos, e eu muitas vezes pego várias na mão dela para vender na escola a setenta centavos. No fim do dia, devolvo a parte dela e fico com a diferença. Tem funcionado bem. Você sabe, meu foco é na construção de um futuro no qual eu não precisarei pedir mais nada a ninguém, tenho certeza de que esse dia vai chegar.

Querido estudante negro,

Acho que nunca te falei, mas aqui no CEFET é bastante diferente da minha escola do ensino fundamental em relação à quantidade de professores negros. Eles são pouquíssimos, tem só três. Um deles, o professor Bira, tem um carinho por mim, e eu por ele. Pense num cara bacana, nunca pensei que fosse gostar tanto de história, afinal, você sabe que sou das exatas. Mas com ele parece que eu consigo entender as coisas a partir do que vejo no coletivo e na minha própria vida. Ele sempre faz questão de falar sobre raça, mesmo que na minha sala a maioria dos estudantes sejam brancos. Acho que faz com que pensem um pouco na vida.

Aliás, tem uma menina lá que só pode ser uma das preferidas de Deus. Ela é branca retinta, tem uma pele que parece de porcelana, é belíssima, inteligentíssima e tem grana. Cara, ela sempre tem materiais muito novos e só tira 10 em todas as disciplinas. Às vezes, quando a gente sai das provas e conversa sobre as questões, eu penso *putz, deu ruim pra mim se o resultado dela dá diferente do meu*. Não passa nem de longe pela minha cabeça que ela possa estar errada.

Também tem um bagulho doido na minha relação com ela, saca? Ela nunca me fez mal algum, não que eu saiba, mas às vezes eu sinto uma raiva estranha da garota que dá vontade de bater nela. Tem outra colega branca na mesma pegada. Essa outra inclusive tem olhos verdes; sinto a mesma coisa em relação a ela. É tipo quando eu dei aquela vassourada naquele menino no ensino fundamental, lembra? É estranhão. Não é inveja. Inveja a gente tem de algo que é possível a gente ter, ou conquistar. Eu não tenho como conquistar a brancura associada a elas, essa que encanta a todas as pessoas.

Até levei essa questão no coletivo, e lá vi que essa raiva não é delas em si, é mais sobre o que elas representam e sobre o que eu deveria ser para ser lida como bela e frágil. Isso, é claro, dentro da leitura social machista do que é ser mulher. Mas assim, saber disso não exatamente me acalmou, só me encheu de raiva de outra coisa...

Pois bem, pra variar, essa estudante outro dia tirou 10 em uma prova de história, e eu, 9. Fiquei muito animada, porque fazia tempo que não via uma nota tão alta minha nessa matéria. Ao final da entrega dos resultados, o professor Bira pediu a palavra e fez suspense dizendo que queria parabenizar alguém que teve um excelente desempenho naquela prova, que ele tinha ficado muito feliz. No final ele disse que os parabéns eram pra mim. Fiquei bugada na hora, tipo, *por que ele está parabenizando o meu 9?*

Depois de tanto bater cabeça, acho que o professor quis mostrar que aquele 9 significava muito para uma menina negra e periférica e que precisava ser muito celebrado, sim.

Ando bastante contente com meu progresso, sabia?

Querido estudante negro,

Dia desses, na Praça Vermelha, onde tem as manifestações políticas e também onde acontecem outros eventos da escola, eu estava vendendo trufas, e um menino inquestionavelmente branco começou a brincar de desamarrar o meu cadarço. Ele desamarrava, eu amarrava, ele desamarrava de novo, eu amarrava e tentava mudar de lugar. Aí depois, quando falei com a minha melhor amiga, uma menina branca-escura, também favelada, ela me disse: "Ai, ele só está a fim de você". Mano, eu voltei para casa com um misto de sensações.

Primeiro que fiquei chocada com a possibilidade de uma pessoa como ele querer ficar com uma pessoa como eu. Depois, senti orgulho dessa possibilidade. E, por fim, eu senti medo, pensei: *é óbvio que ele deve estar pregando alguma peça, querendo me ridicularizar, mas não caio nessa não, pois de boas intenções o inferno tá cheio.*

Tenho certeza de que ele deveria é gostar daquelas meninas que comentei na outra carta. O bom é que nem todas as pessoas acham que elas têm esse encanto todo.

Outro dia, cheguei para um colega de turma, que é filho de um grande líder do movimento negro da cidade, e comentei o quanto essas nossas colegas eram lindas. Não poupei elogios, e ele me respondeu o inimaginável. Na verdade, quase foi incompreensível para mim a resposta dele: "eu não acho". Te juro que fiquei em choque com essa resposta e perguntei a ele como era possível não achar elas belíssimas. E ele me trouxe uma resposta que a minha cognição hoje ainda não tem competência para acompanhar. Ele disse: "Meninas brancas não me acham bonito, eu não consigo achá-las bonitas também".

Cara, pensa aí na maturidade desse moleque de não querer a validação do branco por meio do acesso nessas relações?! Fiquei pensativa com isso, por causa do menino da praça e mesmo de você, que até outro dia era apaixonado por aquela menina branca da sua escola. Vocês só são grandes amigos, ela nunca quis ficar contigo e você ficou com aquele cara que parecia ela. Com todo o respeito, mas será que isso não deve ser algum tipo de encantamento pelo que ela representa socialmente?

Eu sei que você vai falar que os seus círculos sociais são todos brancos e que não há como procurar outro padrão estético para os relacionamentos. Mas quer saber? Eu não acredito nisso! Se quiser, você pode furar a bolha e construir novas redes de conexão ancestral. Sei lá, você pode entrar para uma aula de capoeira, para algum grupo de militância negra, passar a ver filmes com pessoas negras protagonistas e em condição social positivada como a sua, ler intelectuais negros. Alguma coisa, saca? Isso pode te munir de autoestima e mais autoidentidade com o nosso povo. Principalmente, pode te ajudar a sair um pouco dessa bolha de brancura em que você vive.

Querido estudante negro,

Não mudo nada do que falei na última carta, acho que você precisava ouvir algumas coisas, você já tem dezessete anos na cara e fica nessas. Mas depois falei com mainha, e ela disse que eu tenho que tentar ser mais tranquila nas palavras, tomar cuidado com o que eu falo. Então peço desculpas se fui muito dura.

Espero que você ainda queira me ler, somos amigos de longa data. Quero te contar minhas tristezas e alegrias. Por exemplo, recentemente tive a oportunidade de ir pela primeira vez no aeroporto, mas calma, não fui viajar como você, não. Fui acompanhar uma colega da turma que foi para a Islândia. Ela conseguiu um intercâmbio de um ano lá, e a turma toda foi até o aeroporto para levar ela até o embarque.

Fiquei encantada com o aeroporto, só tinha gente chique lá, brancos em sua maioria. Mas tudo era bem organizado e tinha até lugar para comer, muito melhor que a rodoviária. Achei o avião tão imenso que até agora me questiono como aquilo se mantém flutuante no ar. Senti medo por ela, mas graças a Deus deu tudo certo com a viagem. Você que viaja desde bebezinho deve ser tranquilão com essas coisas, né?! Nem deve se preocupar mais. Eu nem sei quando vou voar de avião pela primeira vez, mas só de pensar me dá um frio na espinha, cruzes.

E por falar em gente chique, dia desses saindo da escola peguei um ônibus pra ir em um bairro de grã--fino. Eu ia para a casa de um colega que me chamou para almoçar com ele e a família. Eu fui porque acho ele muito lindo – ele tem minha cor e um sorriso maravilhoso –, e porque ele disse que não precisava de maiores arrumações. Tipo de roupa mesmo, saca? Vira e mexe, a galera me chama para ir ao cinema, onde eu nunca fui, mas nunca aceito, pois, por mais que paguem minha entrada, eu sei que não tenho roupa para ir. Então prefiro me manter em casa e ter minha dignidade preservada.

Mas então fui para a casa desse colega, só que não estava na esperança de ter alguma coisa com ele não. Nem autoestima para isso eu tenho. Ele é o típico moleque alto e forte, tão bonito que até as minas brancas querem ele. Lélia Gonzalez já falou disso, foi sobre as mulheres, mas cabe aqui dizer que ele é hipersexualizado, sabe? Tipo, ninguém espera muito dele além de um bom rendimento no esporte. Geral vive passando a mão nos músculos do garoto, brincam dizendo que querem ver se é de verdade. Fazem isso sem consultá-lo, é como se fosse um corpo público. Acho que tem um fator colorista aí também, ele é da minha cor, não sei se ele fosse retinto como você seria sucesso universal na escola assim. É bem bizarro, ele parece achar isso o máximo, mas espero que no futuro ele abra os olhos.

Mas enfim, o fato é que foi bom, a gente conversou bastante. Fizemos um dever de química juntos, eu ajudei bastante nessa hora e me senti muito inteligente, por incrível que pareça sei muito mais do que ele. A gente almoçou um bife com queijo e molho, que já é bem diferente do feijão de água e sal com ovo ou calabresa que como todo dia lá em casa, né?!

Além da comida deliciosa, me encantei com a casa. Os pais dele são funcionários públicos, ele é preto caro igual a você. Véi, tinha um chafariz cuspindo água no meio da sala, achei insano, nunca vou esquecer aquilo! Ele nunca se envolveu com o movimento negro na escola, a gente não está exatamente nos mesmos círculos. Fiquei pensando se ele me chamou para a casa dele por algum autorreconhecimento... Ou por querer me proporcionar uma experiência social bacana, sei lá. O que você acha?

Uma coisa em que fiquei pensando foi no bairro de grã-fino dele, eu fiquei de boca aberta olhando pela janela do ônibus quando estava por lá. Corri para perguntar o nome ao cobrador, ele me disse que era o Corredor da Vitória. O que me deixou mais encantada no bairro foram as árvores, eu nunca tinha visto um bairro arborizado. A favela é uma selva de concreto para todo canto, não existem muitas árvores na favela. Quando eu vi aquele corredor de árvores e o buzu passando pelo meio, me veio uma sensação bonita de encantamento e leveza. A vida pareceu até melhor, mais bonita, sabe?!

Fiquei refletindo e lembrei que, quando o professor Bira cobriu as férias do professor de filosofia, a gente estudou sobre um negócio chamado necropolítica. Que é um projeto de política feito pelo Estado. Isso significa que bairros como o meu refletem as tensões da sociedade: ruas duras, sem natureza, esgotos a céu aberto, casas sem cores, sem reboco, "penduradas" em barrancos, ruas de terreno baldio; como se a desimportância social do cenário refletisse um pouco a desimportância das nossas vidas. O que é bem pesado e me fez pensar ainda mais na vida. Fiquei pensando nesse contraste entre os bairros e em como eu estou cansada disso tudo, mesmo tendo só dezessete anos. Você não se cansa?

Acho que deu pra perceber que nessa escola acabei me tornando um ser político, né? Tenho muito orgulho disso. Tanto do meu entendimento enquanto pessoa negra quanto do meu envolvimento com a luta progressista em todas as frentes. Quase sempre os partidos políticos de extrema esquerda fazem chamadas na Praça Vermelha, trazendo pautas contra a Área de Livre-Comércio das Américas (ALCA), contra as grandes fortunas etc. Nós do coletivo e alguns outros estudantes sempre saímos em marcha nas ruas para apoiar o protesto. Gosto de pensar que uma parte da escola transpira posicionamento político.

Vou dar um exemplo para você entender a força que os estudantes têm. Por ser uma escola federal, a gente sempre tem problemas com a estrutura das salas, das carteiras, enfim, quase com a escola inteira. Então, outro dia aconteceu uma revolução lá que começou com uma das cadeiras escolares e um prego que lascava sempre a calça de quem se sentava lá. Revoltada, depois de tanto reclamar em vão com a coordenação, uma das turmas do período da tarde tirou todas as cadeiras da sala. Colocaram tudo no corredor e, quando a direção chegou na sala, a turma estava toda sentada no chão em protesto. Parece simples, mas foi uma revolução. Depois disso, trocaram as cadeiras da sala.

Outro exemplo, esse você deve ter visto porque passou na TV, ajudei a construir a chamada "Revolta do Buzu". Na ata a gente chamou de revolta popular, horizontal e apartidária, protagonizada por estudantes secundaristas em razão do aumento significativo da passagem de ônibus pela prefeitura de Salvador. Bloqueamos vias públicas na cidade por três semanas e conquistamos somente o congelamento da tarifa por mais um ano. Foi ali que aprendi a me proteger, com vinagre, do spray de pimenta que a polícia truculenta do então governador do estado da Bahia, Paulo Souto, usava. Aprendi ainda que nesse meio progressista de luta, nós, pessoas negras, precisamos ter o máximo de cautela, pois o jovem branco revolucionário é lido pelo Estado como inconsequente, enquanto o negro é lido como criminoso. Nesse ato vi muitos meninos pretos detidos, e isso me ligou um grande sinal de alerta de que podemos estar no mesmo mar, mas não estamos no mesmo barco; uns estão fazendo a travessia de iate, enquanto muitos dos nossos estão se deslocando a braçadas. Infelizmente o carlismo é muito forte aqui na Bahia. Não tivemos redução da passagem, mas fomos muito exitosos mostrando para a sociedade o poder da auto-organização estudantil. Aqui nesse colégio eu aprendi que só a luta muda a vida.

Somos capazes de muito.

Querido estudante negro,

Como tá a faculdade?

Todo mundo aqui na escola só pensa em vestibular. Na minha turma mesmo, todo mundo está bastante empolgado. Eu não me sinto tão confiante, mesmo assim também estou estudando bastante. Já pedi até para painho pagar a minha inscrição – que o meu amigo, filho de um militante, fez; eu que nem sei como liga um computador, fiquei só de lado vendo tudo.

Toda semana a gente faz um grupo de estudos na biblioteca e fica tirando dúvidas uns dos outros. Aquela minha amiga, que eu falei que é branca-escura, mas é pobre, quer fazer medicina. Eu acho que nunca conseguiria ter autoestima suficiente para me lançar em um vestibular de medicina. Tipo, não existem muitas pessoas da medicina parecidas comigo. Por mais que minha amiga não tenha poder aquisitivo e não disponha de bens materiais, ela acessa um mundo totalmente positivado que é a sua cara; ela se vê na medicina, na engenharia, no judiciário, na mídia televisiva, nos espaços políticos institucionais. Tipo, em absolutamente todos os espaços de poder, ela se vê representada, é óbvio que ela vai conseguir se projetar subjetivamente em qualquer um deles. Isso é muito diferente para nós.

Prestei vestibular e não passei por pouco. Apenas três pessoas da minha sala não foram aprovadas no vestibular, o restante foi aprovado em pelo menos um dos vestibulares que fez. Estou bem triste, mas pedi a mainha só uma chance para passar mais um ano estudando; se não der certo esse próximo ano, eu prometo ir procurar um emprego de carteira assinada ou fazer um curso técnico de enfermagem. Ela aceitou. Na verdade, não sei por que fiz essa promessa, porque depois de ver o painel de alunos aprovados, eu não sei se acredito em mim mesma. Mas é que nem painho diz: o não da vida eu já tenho, não é mesmo?! Vou lá arriscar essa última vez. Mainha também tem muita esperança de que pelo menos eu, uma dos quatro filhos dela, ingresse na universidade. Talvez por isso ela não tenha me obrigado a assinar a carteira e assumir uma das contas de casa.

Mas tipo, fiquei muito feliz por você, meu amigo. Aprovado entre os dez primeiros do curso de direito de uma das maiores universidades do país. Como se sente ao dar o primeiro passo na realização do seu sonho de ser diplomata? Parece importante!

Nutra bem o seu espírito para as lutas que estão por vir. Soube que São Paulo é uma cidade de muitas oportunidades profissionais, mas muito dura com a gente que é nordestino. Além disso, soube que a USP não é um ambiente tranquilo para pessoas negras. Aquilombe-se! Será importante para manter o foco e a sanidade mental.

Tenho muito orgulho de você.

Um beijo afetuoso e até breve.

FOI SOBRE MÉRITO, NÃO SOBRE MERITOCRACIA!

Querido estudante negro,

Não é que deu certo? Passei no vestibular, estou estudando química e já sei que quero ser professora. Foram minhas amigas do CEFET que me ligaram pela manhã para me informar que eu havia sido aprovada na universidade pública estadual em terceiro lugar e, de tarde, para dizer que eu tinha sido aprovada em oitavo lugar na universidade pública federal. Você precisava ver a emoção de mainha quando recebemos o resultado. Ela me deu cada abraço apertado, chorou de emoção, explanou para geral que ia ter uma filha dotôra. Me olhou nos olhos e disse para eu ir, e, também, que eu daria conta das coisas, que eu só precisaria pagar uma conta quando arranjasse estágio. Pediu desculpas por não poder me acompanhar nem poder me dar tudo o que eu precisasse nas aulas, não falou bem desse modo, mas foi isso que ela quis dizer.

Acho que você está se perguntando o motivo de eu querer ser professora, né? Bem, neste ano que passei me preparando para o vestibular eu dei aulas particulares gratuitas de química, física e matemática, para fins de estudo mesmo. Você acredita que as pessoas começaram a dizer que eu tinha didática? Que elas conseguiam entender comigo, pois eu socializava o conteúdo com uma linguagem simples? Achei bem bacana tudo isso, é excelente a gente se sentir bom em algo, né?!

Mas além do ego massageado, eu também adorei a experiência de ensino como um todo e decidi que queria ser professora. Isso é bem legal, pois já entrei na universidade querendo a licenciatura. Não vou me tornar professora porque não tive êxito em outra área, ou porque era o possível dentro da minha perspectiva de nota no vestibular. E isso fez toda a diferença. Quando perguntaram quem queria fazer licenciatura na sala de aula, não sei por que, das quarenta pessoas aprovadas, apenas eu levantei a mão. Ah! Dessas quarenta aí, apenas duas são negras. Pelo menos estou melhor que você, que é o único da sua turma. Estou rindo de nervoso!

É um curso de educação e científico das exatas. Aí, logo na primeira semana de aula o professor de uma disciplina de aulas teóricas e práticas informou que na semana seguinte ninguém entraria no laboratório sem os EPIs (equipamentos de proteção individual): jaleco, luvas, óculos de laboratório etc. Confesso que fiquei um pouco desesperada, pois já estava em uma luta absurda para ter o dinheiro do transporte; para mim, era inimaginável comprar em uma semana aqueles materiais necessários. Mas óbvio que eu não diria isso ao professor, não é mesmo? No ensino médio eu sempre ouvi que universidade não é para todo mundo, mas sim para quem pode. Logo, se eu não podia, o que eu estava fazendo ali?

Comentei em um grupinho de estudantes que estava com dificuldades e cada um me doou algo; uma me doou os óculos de laboratório e luvas, outro um jaleco, e assim por diante. Felizmente, foi no coletivo que venci a primeira barreira de dificuldade. Consegui também comprar uma calculadora científica com umas reservas que fiz, o problema é que é uma calculadora genérica chamada Cátio, adquirida no camelô por dez reais e que vive quebrando. Já os meus amigos compraram a calculadora indicada no curso, chamada Casio, que custa cerca de cem reais. Impossível para mim dar essa grana toda em uma calculadora. Mas, enfim, estou seguindo.

Os professores aqui são péssimos mesmo, vivem dizendo coisas que me fazem sentir vergonha, com vontade de sumir daquele lugar, sabe? Em uma prática de laboratório, assim que eu entrei na sala a professora comentou que a minha calça era horrorosa, e toda a turma riu do comentário dela e, consequentemente, de mim. Acontece que eu não usava calças antes, elas passaram a fazer parte do meu vestuário com esse curso, por causa do laboratório. São doadas e não são as mais bonitas do mundo, mas são as que eu tenho e que me ajudam a cursar essa graduação. Fico pensando o que ganha a professora me ridicularizando diante de toda a turma. Qual a necessidade de uma professora que forma profissionais trazer uma fala dessas em sala de aula, reforçando o elitismo e o racismo ali já tão evidentes?

Outro professor fez algo tão bizarro quanto. Estávamos no laboratório de informática, em uma aula de tratamento de dados experimentais, e precisávamos colocar os resultados empíricos em uma planilha do Excel para gerar uma curva representativa da cinética de algumas reações químicas. Agora você imagine meu desespero diante daquele monstro, se foi meu amigo que no final do ensino médio me inscreveu no vestibular, porque eu não sabia nem ligar o computador. Meu professor se aproximou, notou a minha falta de trato com a máquina e me apresentou ao computador como quem me apresenta a um amigo, em alto e bom som. A turma gargalhou da minha cara, e eu, mais uma vez, desejei nunca ter estado ali. Isso é postura de um educador? Sei que um professor de verdade, que entende o sentido real da educação, notaria o meu problema e, sem me expor, tentaria me ajudar, ali pessoalmente ou me indicando alguma capacitação para isso. Enfim, teria qualquer atitude, menos me ridicularizar gratuitamente, mas é isso, vida que segue sempre.

Ouvi dizer que existem também professores assediadores. Eu geralmente evito ao máximo ficar sozinha com os professores, já que noto a existência de uma hipersexualização comigo. Sei lá, sinto que minhas colegas são colocadas ainda em um lugar de ingênuas, enquanto eu sou lida de modo diferente. Tem um professor mesmo, com quem eu fui tirar dúvida para a prova, e ele foi horrível, disse algo como "minha cor do pecado o desconcentrava na explicação". Foi em um diálogo privado entre nós dois, mas o fato é que eu nunca mais o procurei para tirar dúvida nenhuma. Outro professor me deu um picolé no pátio na universidade na frente dos colegas. Ele estava distante e pediu para que o vendedor me entregasse o picolé; quando eu perguntei quem deu, o vendedor apontou para ele, e o professor gritou de lá: "é para você ir treinando". Mano, os colegas começaram a me zoar, eu senti tanta vergonha, senti um desejo tão grande de ser protegida, que alguém viesse ao meu auxílio, sabe?

Por isso decidi ser muito estratégica. Visando à manutenção e à minha permanência no espaço universitário, me aproximei de um grupo que sempre tira boas notas; isso por um lado é ruim, porque sempre me sinto burra perto deles, mas por outro lado é bom, pois sempre que tenho alguma dificuldade de compreensão eles me ajudam. Assim não preciso depender de professor nenhum. Obviamente, sou a única negra e favelada do grupo. Tirando os conteúdos das aulas, nossos mundos são bastante incomunicáveis. E, diga-se de passagem, as questões universitárias só ficam nos conteúdos *mesmo*, pois se eu falar acerca das problemáticas universitárias que me atravessam, certamente não serei compreendida. Outro dia estava conversando com uma colega sobre pretensão salarial e eu disse que minha meta de vida era ganhar quatro mil reais. Ela riu da minha fala e me disse que seria impossível ter uma boa casa e educar uma criança hoje no Brasil com apenas quatro mil reais. Ela ficou realmente abismada com a minha perspectiva de vida. Já eu fiquei em choque com a fala dela, pois, na minha favela, famílias negras inteirinhas recebem um salário mínimo, muito menos de mil reais por mês, e todo mundo segue vivo e em frente com a própria vida. Como seria impossível viver com quatro mil?

Não chegamos a um consenso, mundos incomunicáveis.

Você precisa ver a minha cara toda segunda quando a gente se reúne no intervalo das aulas para conversar, e eles começam a contar o que fizeram no final de semana, tipo assim, é triste o meu deslocamento. Chegaria a ser engraçado se não fosse trágico. Eu fico olhando para a cara deles com cara de perdida, não tenho nenhuma história interessante para trazer. Vou falar do quê? Do tiroteio no meu bairro? Do último amigo que perdi na guerra às drogas? Fico apenas sorrindo e balançando a cabeça como quem concorda com tudo. Das experiências cotidianas deles eu não partilho, nem ir ao cinema eu já fui, imagina saber os filmes em cartaz e comentá-los como eles fazem sempre? Sem condições.

Além disso, nossas trocas são esquisitas. Uma vez criei coragem e contei uma situação ruim que vivi no final de semana. Ao final da fala, o clima ficou tenso e, para desfazer o climão, eu disse: "preto e pobre só faz se lascar nessa vida". Eles riram. Eu pensei *nossa, me tornei interessante em algo*.

Enfim, desde então faço sempre as pessoas rirem da minha desgraça, mas não é para eu levar a vida de modo mais leve, é simplesmente para eu ser aceita. Então eles começaram a se sentir à vontade também para fazer piadinhas comigo. Eu me sinto estranha com eles, pois, ao mesmo tempo que fico desconfortável, são eles que me doam os itens de que preciso e, às vezes, até me emprestam um dinheiro para o lanche e para o transporte.

Eu sigo tendo alguns problemas com o transporte, é impossível voltar a pé, são mais de vinte quilômetros de caminhada até a minha casa. Geralmente o que eu faço quando me falta grana é entrar no ônibus e não passar pela catraca até o ponto mais próximo da minha casa em que ainda entrem passageiros, aí eu desço e completo o restante do percurso andando. Aqui na Bahia isso é popularmente conhecido como "traseirar", aí em São Paulo tem nome pra isso?

Às vezes paro e penso: o deslocamento para a universidade não é fácil tanto pela questão financeira quanto pela mobilidade urbana. Parece que o transporte público é pensado para a gente não acessar as regiões de prestígio. Não existem ônibus para certos locais aqui na cidade. Do meu bairro para a universidade mesmo não tem transporte coletivo comum, há apenas um micro-ônibus, que é mais caro, porque tem ar-condicionado e não aceita cartão estudantil de meia passagem. Ou seja, não é a minha via preferencial de deslocamento.

Isso é um saco, por exemplo, nos dias em que tenho minitestes, toda segunda às sete da manhã. O professor é doido e tem o relógio adiantado em cinco minutos. Então, você imagina a minha batalha para sair da minha quebrada bem cedo pra estar aqui na universidade às 6h55? É uma luta. Um dia, quando não consegui chegar cedo porque estava sem transporte e fiquei aguardando meu primo motorista de ônibus me colocar na frente sem pagar, pedi ao professor para fazer o miniteste no final da aula e ele, sem pestanejar, me respondeu: "na próxima aula, acorde mais cedo". Mano, eu estava acordada desde as quatro da manhã! Me silenciei e fui me sentar, ele não queria entender o meu mundo. Agora dei um jeito e consigo chegar mais cedo, e tem dia que fico sentada na frente do pavilhão de aulas observando os colegas parando tranquilos na porta do prédio e descendo dos carros. Cara, é outra condição de vida. A galera acorda tranquila, tem seus custos básicos na universidade garantidos ao longo do dia, tem tempo e cabeça livre para estudar. Tem tempo até para "viver a universidade", tocar um violão deitado na grama da praça central, entrar na militância estudantil, bem como participar das festas da universidade.

Eu sei que quando eu conquistar os meus objetivos, vou ter uma grande história de "superação" para contar, mas eu te juro que eu trocaria tudo isso por uma vida apenas tranquila, assim como a vida dos meus colegas. Não é bonito ser mártir não. O mártir é da cultura ocidental cristã, nada tem a ver com a ancestralidade africana. A nossa ancestralidade não é de sacrifícios singulares, mas de lutas coletivas. Quem glamorizou o sofrimento negro certamente não era um de nós.

O pior é que às vezes ainda se mistura pobreza com falta de sorte. Eu até dou risada, mas é de nervoso. Teve um dia no mês passado que eu estava com o dinheiro de transporte certinho em mãos, passei o dia tranquila na faculdade. Encerradas as minhas aulas, eu fui para o ponto de ônibus. Chegando lá, um rapaz em situação de rua me pediu um trocado, respondi a ele que não tinha, pois estava com a conta certa do ônibus. Mesmo assim, fui verificar e, mano, acredite! Eu tinha perdido vinte e cinco centavos.

A minha cabeça estava tão preparada para não voltar pra casa fazendo toda aquela odisseia que eu retornei para a faculdade pra achar os meus vinte e cinco centavos. Que falta de noção! Refiz meu caminho olhando para o chão daquele lugar imenso, tentando achar a moeda que tinha perdido. Passei umas duas vezes na porta de uma sala em que os professores se reuniam e até pensei que eles poderiam me ajudar, mas, quando um dos professores me chamou pelo nome e perguntou se estava tudo bem, respondi a ele que estava tudo certo. Não quero ser vista como um problema.

Por isso, tratei de voltar para o ponto de ônibus e peguei a traseira do buzu e fiquei lá. Uns quatro pontos à frente, quem entra para traseirar também? O homem que havia me pedido dinheiro mais cedo. Ele olhou para mim e questionou: "qual é a 'intera'?". Eu respondi que faltavam vinte e cinco centavos. Ele abriu a mão cheia de moeda e me deu os vinte e cinco; eu, incrédula com aquele ocorrido, agradeci, passei na catraca e me sentei em uma das cadeiras do ônibus.

Querido estudante negro,

Percebe que a minha vivência não é a mesma que a sua e dos meus colegas? Com eles, por mais que cursemos as mesmas disciplinas, não passamos pelas mesmas coisas. No final do semestre passado, eu estava fazendo a última prova da disciplina mais difícil do curso, a turma toda praticamente já tinha se evadido, éramos apenas quatro pessoas restantes na sala. Os três colegas tensos, fazendo a prova com ar de desespero para passar no semestre. Enquanto isso, sabe qual pensamento pairava na minha cabeça? *Eu estou exausta dessa batalha diária, todo dia um problema novo.* Pedi licença à professora e fui ao banheiro, só para desaguar em lágrimas. Sentei-me diante de umas árvores e comecei a chorar sem parar.

Mesmo sendo canceriana, sou muito difícil de chorar, você sabe. Mas foram as lágrimas de muitos anos. Dos que passaram, porque lembrei de tudo que já vivi, e dos que viriam, pois eu tinha certeza de que largaria a faculdade.

Havia entendido de uma vez por todas que aquilo ali não era para mim, que eu e minha família precisávamos mesmo era que eu arrumasse um emprego. Quando voltei para a sala, ainda muito emocionada, a professora me olhou e perguntou em alto e bom tom: "tá chorando porque não estudou?". Eu olhei nos olhos dela com todo o ódio da vida que me tomava naquele momento e respondi: "Eu estou chorando porque não tenho dinheiro e eu não aguento mais". A professora entrou em estado de choque. Talvez ela nunca tivesse visto uma cena dessas no curso superior. Ela se desculpou e até me ajudou com o transporte naquele dia. Só assim consegui focar na prova como os outros colegas e passei na disciplina.

Depois daquele dia, a professora me chamou para a sala dela e me ajudou a fazer meu currículo Lattes. Ela me disse que isso abriria portas para muitas coisas, inclusive conseguir uma bolsa estudantil. Então me aceitou como orientanda para uma iniciação científica em um projeto que ela já pesquisava, e passei a ganhar trezentos reais por mês. Já consigo ter mais autonomia e ajudar vez ou outra em casa.

Estou mais tranquila e, consequentemente, nesse semestre estou mais animada com a graduação. Tanto é que às vezes vou para a casa dos meus colegas para estudar com mais tranquilidade. Tenho uma amiga que eu adoro ir à casa dela, é um prédio com elevador, a casa dela é toda organizadinha, sem mofo, eu amo até o papel higiênico macio de lá, acho isso tão incrível, o da minha casa parece uma lixa. Os pais dessa menina são químicos, então eles têm todos os livros das disciplinas em uma biblioteca particular, e a parte que eu mais amo são os lanches, sempre como algo que nunca vi na vida.

Um belo dia decidi convidar sete colegas para ir almoçar e estudar lá em casa. Pedi a mainha para fazer o melhor almoço da gente, macarrão parafuso com salsicha, a comida que ela faz aos domingos e em dias especiais, como aniversários. A casa é velha, mas eu arrumei bastante, passei uma cera no chão vermelho e ele ficou um brilho só. Fiquei ansiosa esperando todo mundo. Foi um colega, apenas um colega. Ele foi muito gentil, comeu bem e a gente estudou tranquilo, e ele ainda comentou no dia seguinte na faculdade que o pessoal tinha perdido o melhor macarrão com salsicha do mundo. Não satisfeita com a desfeita, uma colega comentou que salsicha era cancerígena e tal. Fiquei pensando que talvez fosse por isso que ela não tinha ido, mas depois lembrei que eu nem tinha dito qual seria o cardápio. Mas pense aí que bobeira a minha, meu amigo, de imaginar que aquele monte de jovem branco rico iria brotar lá na favela, que ingenuidade! Eu tenho é que ficar feliz que pelo menos um deles foi. Estou muito mais próxima desse colega, ele é superinteligente e me ajuda bastante.

Outra coisa que me deixa feliz é que esse semestre peguei uma disciplina com um professor negro, assim como aquele da minha juventude. É tão satisfatório entrar na sala de aula e vê-lo. Sempre entro com um sorriso no rosto, e ele retribui do mesmo modo. Ele age de um modo muito cuidadoso com todo mundo, e principalmente comigo, sempre caminha pela sala. Aí, se nota que estou com dúvidas, chega do meu lado e me pergunta baixinho, apenas para eu ouvir: "tá tudo bem aí?", "tá acompanhando tranquila?". E sempre me explica com paciência se percebe que estou com alguma questão. Com ele me sinto, talvez pela primeira vez, acolhida e notada positivamente nesse espaço inóspito e estranho.

A professora branca que me ajudou com a bolsa parece cuidadosa agora que sabe da minha situação, mas na realidade eu não me sinto confortável com ela, na verdade ainda me lembro de como ela queria me constranger. Volta e meia ela pergunta em voz alta se eu entendi o conteúdo, e eu me sinto o parâmetro cognitivo mais baixo da turma, do tipo "se eu entendi, todo mundo entendeu". Infelizmente isso é muito comum com as pessoas brancas, esse cuidado que precisa de plateia, precisa ser visto em todo canto, para demonstrar o quanto aquela pessoa é antirracista. Não é sobre a ação em si, é sobre o que aquela ação agrega a ela.

Querido estudante negro,

Não sei como é aí com você na sua graduação. Eu por aqui me sinto muito não pertencente a esse processo, não só porque não me reconheço nesse espaço, mas porque falta muita referência. Tipo, você aí na USP estuda algum jurista negro? Mulher ou homem, não me importo, só me dê esperanças. Já que por aqui parece que a ciência é totalmente branca e europeia, nem dá para criar autoidentificação com o bagulho, sabe? Recentemente, em uma aula de história da química, a professora estava falando do surgimento de todas as ciências na Grécia, e eu questionei a professora se no Egito, que foi uma grande civilização africana, não tinha sido inventado nada; a professora respondeu que não, que no continente africano a cultura era totalmente oral e que por isso tudo se perdia, pela ausência dos registros.

Como pode eles aqui ignorarem tanto outros povos, né? Fico impressionada e triste. Isso acaba se refletindo em mim, porque não reconheço minhas conquistas, e isso me parece ser o mais pesado de tudo. A cada semestre que passa, eu tenho a impressão de que tive mais um pouco de sorte, nunca entendo que houve mérito meu, sempre penso *caramba, como cheguei até aqui?*

Enquanto isso, observo como uma espectadora os meus colegas brancos com crises existenciais, volta e meia eles querem mudar de curso, até de país. Esses dias estávamos reunidos, eu e mais três colegas, fazendo o relatório de física IV, quando de repente mainha me liga me pedindo para voltar para casa, pois o gás tinha acabado e a gente não tinha como cozinhar. Ela não falou, mas eu sabia que ela queria que eu voltasse com um bujão pra casa. Mano, de onde eu ia tirar dinheiro para comprar um gás de cozinha? Ali meu relatório tinha acabado, não havia mais condição psicológica de dar continuidade àquele processo de estudo e escrita. Óbvio que meus colegas não entenderam, sempre fica a impressão de que eu invento problemas para fugir das minhas obrigações. Eu entendo eles ficarem putos quando eu me desligo psicologicamente nessas ocorrências, mas eu simplesmente não sei o que fazer. Estudar deveria ser a atividade principal da minha vida, mas infelizmente a sobrevivência ainda é a mais importante.

Ainda bem que eu consegui uma monitoria em uma universidade particular aqui da cidade. Trabalho tirando dúvidas de química de estudantes, fico um turno inteiro em uma sala com um computador disponível para meu uso. Inclusive, estou me sentindo a técnica de informática agora, tomei algumas aulas com uns colegas e consigo me virar bem. E, por isso, eu decidi escrever meu trabalho de conclusão de curso por aqui quando não tiver estudantes, só faltam dois semestres para me formar – parece que o tempo passou voando, mas eu degustei cada milésimo de segundo. Então, esse era o único jeito que tinha para escrever esse trabalho e a iniciação científica. Aí, como ganhei um pendrive do projeto acadêmico, eu vivo com ele pra cima e pra baixo, passo o dia todo pensando no que quero escrever, anoto em um caderno. Às vezes vou na casa do meu pai, lá tem um computador velho, e eu uso por algum tempo. Outras vezes, vou na casa de um amigo, a família dele tem um bar lá na quebrada e eles conseguiram comprar um computador. Ou escrevo no trabalho. Eu não paro.

E como eu falo desde a infância, não vou parar até o doutorado. Pra você ter ideia, meu amigo, assistindo a uma palestra lá na faculdade, ouvi falar de um programa de pós-graduação muito interessante. Nele eu poderia desenvolver pesquisas voltadas para a química e a educação. Para mim, isso é maravilhoso, você sabe que sempre amei as ciências tidas como "exatas", mas também os conhecimentos característicos das "humanas". Comentei então com minha orientadora e pedi que ela me explicasse como fazia para ingressar como aluna do mestrado. Ela me explicou tudo direitinho. E eu entendi o que precisava ser feito para seguir na carreira acadêmica. No fechamento de tudo a minha orientadora deu a entender que eu não passaria na seleção do mestrado, pois a prova de inglês é muito difícil, e eu ainda não domino o idioma.

Mas ela não me conhece. Eu olhei nos olhos dela, esbocei um leve sorriso e agradeci, saindo da sala com a certeza de que eu tentaria a seleção. Não era a primeira vez na minha vida que uma pessoa me desacreditava, dizendo que eu não passaria em algo. A partir dali, comecei a estudar mais inglês instrumental com a ajuda de um colega meu do ensino médio, que está se formando em letras português-inglês.

Tenho certeza de que vou conseguir e, mesmo que não consiga de primeira, vou e tento de novo. Sou persistente e, mesmo sem muita confiança em mim, sei que tenho um caminho muito legal pela frente.

Querido estudante negro,

Gostei de saber que você está tão bem, em vias de efetivação no escritório em que trabalha. Você me orgulha demais, amigo!

Estamos nos encaminhando para o final do semestre e sempre fazemos uma viagem para a casa de praia de uma das colegas de turma. Fica no litoral norte, mas é pertinho da cidade, perto de uma praia linda, com piscina e tal. Eu acho que sou a única pessoa que vejo como viagem, porque é o lugar mais longe e mais bacana que eu já fui na minha vida. Fico ansiosa o semestre todo por esse momento. Cara, você sabe que não vou muito em piscinas, né? Tipo, tem uma na faculdade, mas não tenho tempo para aproveitá-la.

Por isso amo a da casa dessa colega, fazemos uma festa só. Pena que não pude mergulhar. Logo na primeira vez que a gente foi, uma das colegas comentou que meu cabelo cheio de creme faria uma crosta de espuma na piscina, e era melhor não molhar a cabeça. Naquela vez todo mundo riu da piada e eu sorri sem graça. Meu primeiro ano, como eu já te disse, foi bem difícil, eu me oferecia muito como estepe de humor com piadas racistas e classistas.

Sendo sincera, não aguento mais essas pessoas. Por isso quero adiantar tudo o que eu puder. Por exemplo, já organizei o meu TCC todo no final do penúltimo semestre, para destinar esse último à escrita do meu projeto de mestrado. E ficou tudo pronto. Defendi meu TCC semana passada e consegui um dez! Nem acreditei quando ouvi a nota. Eu estava tão nervosa na apresentação, tenho certeza de que esqueci muita coisa. Mas nossa, eu fiquei tão feliz, mainha não conseguiu ir, painho também não, mas minha irmã foi e ela chorou comigo, compartilhando esse momento tão especial.

Você acredita que eu vou fazer a minha primeira viagem de avião? Será agora em janeiro. Um colega e eu enviamos um artigo para um encontro nacional dessa área de pesquisa e o nosso trabalho foi aprovado! Foi muito emocionante, vi a notícia do computador de painho, dizia no e-mail que o governo pagou a nossa passagem e hospedagem para participarmos do congresso em Brasília. Tenho certeza de que vai ser tudo muito incrível, desde voar pela primeira vez até apresentar um artigo em um evento científico. Eu sei que você deve achar isso tudo uma grande bobeira, pois viaja de avião desde que nasceu, mas entenda que para mim foi um marco importante.

Sábado agora será a minha formatura. Estou pagando a solenidade desde o ano passado. Foram muitas aulas particulares para conseguir pagar, mas vou dar essa alegria a mainha e a painho, e à minha família toda. Mainha já está chorando desde já, disse que eu sou a primeira pessoa que se forma doutora na família. Doutora para ela é uma beca de formatura, maior onda a coroa, né?! Mas não vou acabar com os sonhos dela não, dizendo que doutora é quem tem doutorado. Deixa a bichinha.

Eu vou ser a oradora da turma, preparei um discurso bem lindo, mas só penso no início das aulas do meu mestrado, tenho certeza de que vou passar. Depois me conta também como foi a sua formatura com festa de gala. Vi as fotos no Orkut. Menino, dos cem formandos, eu contei os negros nos dedos de uma mão. Bem que você falou sobre o inferno que foi a sua vida aí nesses anos. Aliás, muito obrigada pelo convite, mas você sabe que eu ainda não tenho condições de comprar passagem aérea. Quando você for tomar posse no Itamaraty, eu vou, juro. Por ora, me avisa se você vier passar as férias aqui em Salvador para a gente comemorar.

Uma coisa que eu gostaria de comentar, meu amigo, é que é bom a gente refletir depois de concluir a graduação, a felicidade é bem-vinda e os elogios também, mas não há discurso meritocrático aqui não. Conseguimos, nos esforçamos, mas se não fossem as pessoas nos ajudando de todas as formas, como eu te contei aqui, certamente hoje seríamos outros a compor o exército da desistência. Você sabia que apenas 10% das mulheres negras que ingressam na universidade concluem a graduação? É um dado gritante, que reflete o quanto a universidade no Brasil ainda hoje é altamente masculina e branca. É um fato que não revela a ausência de uma capacidade cognitiva de mulheres negras, mas um sistema que, como você viu com a minha trajetória, nos faz constantemente priorizar a sobrevivência frente aos estudos. É sempre uma luta gigantesca para seguir no direito de estar na universidade (falta computador, lanche, transporte, EPIs etc.).

Mas é isso, seguimos na luta!

Um beijo grande, meu amigo, aproveite bastante as suas férias no Senegal.

Me mande fotos.

TORNEI-ME A INTELECTUAL QUE EU NÃO VI

Querido estudante negro,

Estou muito feliz por você ter passado no mestrado em ciências jurídicas na Universidade de Brasília. Lá vai você se mudar novamente! Mas é bom que você já se acostuma com a cidade, porque quando for aprovado no concurso de diplomata, será sua morada definitiva, não? Brasília é uma cidade com pouca umidade no ar, tá? Você lembra do congresso de que participei aí? Felizmente naquela vez meu nariz não sangrou como o dos colegas, mas a pele ressecou bastante. Aos poucos você vai se acostumando, ainda mais você, que é altamente adaptável. Mas é bom estar preparado.

Ah... Vi no Facebook a foto da sua nova namorada, e sua tia Célia falou bastante dela. Entendi que você não quis me enviar a foto na última carta pelo fato de ela ser branca. Mas você não deveria ter esses receios comigo, sei que na adolescência eu falei muita coisa, mas preciso que você entenda que eu era uma jovem com raiva. Agora entendo que não tenho direitos sobre o relacionamento do outro. Cada um faz o que quer.

Até porque, no último semestre da faculdade, conheci um cara branco em uma optativa de administração e desde então estamos ficando. Vou te dizer que eu não consegui racionalizar os meus estudos e a minha consciência racial, o fascínio pela brancura falou mais alto. Nem estou dizendo que no seu caso seja isso, mas eu consigo ver que é o meu. Minhas antigas colegas da graduação estão encantadas com a estética dele, o moço parece um ator global de tão lindo que é. Acho engraçado, pois eu nunca tive nada que fosse minimamente desejável por elas. Vou confessar que senti uma sensação incrível de poder quando fui vista com ele.

Às vezes tenho a impressão de que estou ascendendo na vida, sabe? Me formei e agora saio com um rapaz como ele. Será que é isso mesmo? Me pego várias vezes pensando, me perguntando o que ele viu em mim, a autossabotagem é um rebaixamento existencial absurdo. Mas pelo menos ele não me esconde como alguns caras geralmente fazem com outras minas pretas. Sei que não é saudável como me sinto, tanto em relação a mim quanto a ele, mas, por ora, permito-me viver essa experiência peculiar. Tudo isso pra dizer que não te julgo, nem sei suas motivações. Seja feliz, meu amigo. Vai dar tudo certo.

Enfim, eu te falei que fui aprovada na seleção de mestrado?! Se não, estou contando agora, passei em oitavo lugar naquele programa superdifícil em que minha orientadora me disse que eu não seria aprovada.

Até mesmo porque, apesar de me sentir em ascensão social, sigo com algumas restrições financeiras. Acabei me abrindo um pouco com o meu orientador sobre a minha dificuldade de escrita do TCC e do projeto de mestrado em virtude da ausência de um computador. Ele ficou muito sensibilizado, na verdade, meio chocado, pois não imaginava aquilo, uma vez que eu consegui esconder bem na graduação e porque não eram comuns relatos dessa natureza. Ele resolveu o meu problema me emprestando um notebook da universidade, e isso me deu uma tranquilidade imensa para projetar e escrever a pesquisa em casa.

Não sei se você sabe, mas já não moro na minha favela de origem, estou morando em um bairro mais de classe média. Eu saí de casa dizendo que precisava de mais paz para estudar, mas confesso que na graduação eu aprendi a odiar a minha casa e as minhas raízes. Passei a ter vergonha de tudo, porque via como a vida podia ser melhor nas casas que eu frequentava. Saí de lá sem gostar do chão de piso vermelho da minha infância, sonhava com um piso de porcelanato; sem aguentar mais tomar banho de cuia no quintal, sonhava em sentir a água fininha saindo dos buraquinhos do chuveiro e tocando a minha pele, sem molhar tudo porque ia ter um box no banheiro; sem aguentar mais dividir o quarto com minha mãe e meus irmãos, eu sonhava com um quarto só meu, sonhava em morar em apartamento, e não em casa. Imaginava quão gostosas deveriam ser essas sensações. Acho que todo pobre tem um pouco disso, meu sonho era dar meu endereço para alguém e dizer "apartamento 302", chique isso, né? Talvez você nem ache, você e sua mãe já moraram em um e lembro dela reclamando sempre, mas a gente da quebrada acha muito fino morar em apê. Aí, enfim, meti o pé, hoje já tenho tudo isso, mas com um sacrifício enorme.

Divido o apartamento com uma amiga, aquela que não virou médica. Ela fez um curso e passou na prova de nível superior para a polícia e já virou tenente. Tudo parece estar se encaminhando, mas eu recebo apenas R$ 462,00, pouco menos de um salário mínimo, sendo professora em uma escola privada. Fico lá umas vinte horas por semana, dando aula na escola em que estudei no meu ensino fundamental, lembra? Mais da metade da grana eu gasto para rachar o apê com ela. Sobra quase nada para o transporte e para a alimentação, a sorte é que um miojo é 99 centavos, e eu almoço um todo dia. Esse cenário logo logo vai mudar, passei no concurso do estado para professora de química e também pleiteei a bolsa de mestrado, tenho certeza de que alguma coisa vai sair aí, e em breve eu vou ter melhores condições para desenvolver os meus estudos.

E o que você acha de tudo isso?

Querido estudante negro,

Fiquei contente em saber das suas notícias. Não deixe de escrever, por favor. Sua amizade é muito cara para mim.

Sobre sua pergunta, aproveitei a tranquilidade da nova moradia, a posse de um notebook em casa e o meu desejo de concluir rapidamente o mestrado para focar bastante na escrita da dissertação, de modo que terminei de escrever o texto em um ano e consegui defender a dissertação em um ano e meio. Foi bem mais leve do que eu imaginava, não me cansei muito mentalmente. Só fisicamente mesmo, porque nesse período eu dava aula na escola privada da favela e também na escola pública, depois que o Estado me convocou para o concurso. E agora, no final do mestrado, eu comecei a dar aulas na UFBA como professora substituta. Às vezes nem eu sei como dou conta de tudo.

Além disso, eu te falei que estou arranhando no inglês? Você deve mandar muito bem, né?! Fala inglês desde pequeno. Tenho muita admiração por você e pelo trabalho incrível de investimento que sua mãe fez contigo. Melhor presente que uma criança negra pode receber. Você sabe que só vi inglês na escola. Sabia de nada ou quase nada do idioma quando cheguei na graduação. Grande parte dos textos do mestrado são em inglês, consigo ler já, só não falo bem. Segui firme e forte com meu dicionário na mão, tentava captar as mensagens gerais dos textos para levar para as discussões em sala de aula.

É nesses momentos que eu penso o quanto a pós-graduação no Brasil é pensada como um não lugar para pessoas negras e pobres: em primeiro lugar, temos que saber que ela existe; em segundo, que é possível que pessoas como nós a acessem; em terceiro, que precisamos passar em uma seleção para esses lugares; depois, precisamos nos manter subjetiva e objetivamente ali; precisamos de outros idiomas para a leitura de textos que não necessariamente falam com a gente; e, acima de tudo, esperam que priorizemos a pesquisa e a escrita frente às nossas necessidades de sobrevivência imediata... Definitivamente não foi pensada para nós, e segue sem o mínimo interesse de se tornar um espaço que preze por equidade.

Outra coisa que preciso comentar é que em todas as seleções, sejam elas da pós-graduação ou de vaga na docência, senti olhares e falas diferentes dirigidas a mim, um olhar carregado de condescendência e julgamento. Tenho vontade de enfrentar todos, mas, sempre que comento com alguém, a pessoa me diz que é porque sou muito nova, ou dá a entender que isso melhoraria se eu passasse a me vestir melhor. Ainda hoje não entendo o que uma coisa tem a ver com a outra. Tenho ódio, te juro.

E sendo sincera, não sinto isso vindo dos meus alunos. Nas aulas que dou na escola pública estadual, me sinto em casa, é perto da favela. Todo dia quando termino a aula, subo o morro para ir almoçar na casa de mainha. Sempre encontro gente conhecida e alguns dos meus estudantes. Eu tenho oito turmas de ensino médio lotadas, a maioria dos adolescentes são jovens negros periféricos. No primeiro dia de aula, quando perguntei quem gostaria de fazer vestibular, quase ninguém levantou a mão. Fiquei muito perplexa, mas entendi ali que a minha missão com aqueles jovens, muito antes de ensinar química, era ensiná-los a sonhar.

Tem sido um processo muito bonito. Consigo perceber que eles se identificam comigo, pela estética e história, até mesmo pelo meu jeito de andar e de falar. Às vezes, tem show de pagode, a gente se encontra lá, dança junto, como eu fazia na minha adolescência, e na segunda-feira às 7h30 da manhã, estamos na sala de aula para focar nos estudos. Eu sou muito feliz aqui, mesmo que o salário seja pouco e apesar de os colegas de trabalho quererem me desmotivar sempre. Acho quase um crime a existência de um professor amargurado em sala de aula. Isso reverbera em uma prática pedagógica desafetuosa, pouco planejada, isenta de abertura para sonhos e de perspectivas emancipatórias para aqueles jovens, que em sua grande maioria só têm o espaço escolar para alimentar os seus desejos de futuro. Entendo que as condições de trabalho muitas vezes são desmotivantes mesmo e tendem a levar os professores para esse lugar, mas tenho certeza de que não é só idealização minha. Sei que assim como aconteceu na Revolta do Buzu, nós precisamos resistir e lutar coletivamente por melhores condições salariais e estruturais. Só assim conseguiremos nos desviar dessa armadilha do desencantamento.

Mas é isso, meu amigo, graças a Deus terminei o mestrado. É claro que não curti muito essa vitória, você sabe como eu sou: estou sempre olhando para a frente, ou melhor, construindo um futuro melhor. O fato é que eu já me tornei mestre com um projeto de doutorado e o meu plano de progressão todos desenhados. Imagino que você saiba, mas a progressão, aqui na minha faculdade, é uma opção de seleção interna que os estudantes da pós têm para acessar o doutorado sem precisar fazer uma prova de ampla concorrência. Não é fácil, para isso eles pedem notas excepcionais, que você tenha um projeto de doutorado já escrito e também que tenha defendido o mestrado em um ano e meio. Por isso me esforcei tanto. Quis atingir todos os requisitos para me lançar de cabeça nesse desafio e consegui. Agora estou oficialmente no doutorado.

Querido estudante negro,

Desde nosso último contato, muita coisa aconteceu, fui selecionada em primeiro lugar no concurso para professora da universidade federal. Foi um processo meio estranho, pois, apesar de sempre eu me arriscar, me lançar nas coisas, no fundo, no fundo, eu tenho síndrome da impostora e sempre acho que não vou conseguir. Eu sei que você entende bem o que é isso, pois, por ser um homem preto e bissexual, a sua subjetividade foi socialmente construída de forma muito particular.

É puxado, mas, enfim, todo mundo me parabenizou porque eu passei em primeiro lugar no concurso com apenas vinte e cinco anos. É raro ter concurso para o magistério superior solicitando apenas mestrado, porém, como minha área de pesquisa ainda é incipiente aqui no Brasil, existem concursos como esse.

Comecei lá na universidade no mês passado. Entrei e já de cara senti falta de ser professora da escola básica na rede pública, senti falta da reunião diária de professores na hora da merenda, mesmo eles reclamando tanto. Aqui na universidade, mal vejo a cara dos colegas. Gostava daquele ambiente de gente falando alto, de todo mundo falando ao mesmo tempo, gostava daquele clima de feira, dos colegas complementando a renda, vendendo panela, revista da Avon, calcinhas etc. O ar da docência universitária é outro, tem pouca simplicidade por aqui. Eu achava que só as ciências laboratoriais eram elitistas, mas a academia como um todo é elitista e racista.

Tanto no mestrado quanto no doutorado, sofri de uma carência imensa de autorrepresentação em todos os sentidos. Por exemplo, não tive nenhuma professora negra, muito menos estudei nenhum cientista negro. Já te falei que minhas pesquisas são na área de interface entre educação e química, aqui no Brasil isso é chamado de Ensino de Química. Geralmente pensamos nos processos de didatização dessa ciência para a escola básica, refletindo na formação inicial e continuada da docência em química, bem como nas práticas pedagógicas para a sala de aula envolvendo outros elementos mediadores, como: a contextualização, a historicidade, a experimentação, a ludicidade, os jogos etc. E foi uma pós-graduação da área de humanidades, na qual nunca me indicaram nomes negros fundamentais para a educação nacional, como Hélio Santos, Nilma Lino Gomes, Muniz Sodré, Ana Célia da Silva, Milton Santos, Abdias Nascimento, Lélia

Gonzalez, Beatriz Nascimento, Luiza Bairros, Petronilha Gonçalves e Silva, Sueli Carneiro, Helena Theodoro e tantos outros e tantas outras.

Eu também achava que apenas a universidade em que eu estudei tinha essa problemática, mas é uma ferida ontológica da academia ocidental, uma ferida que desconsidera por completo a existência de intelectuais negros e negras. A academia brasileira sempre tratou o corpo negro como um objeto de estudo, mas nunca como producentes deles. Somente agora, no final do meu doutorado, esse sentimento de inexistência de uma subjetividade intelectual positiva me levou a essa reflexão.

Veja você, estou concluindo a escrita de uma tese de quase trezentas páginas, mas ainda assim não me sinto intelectual, não me sinto escritora, não me sinto pesquisadora; sinto-me impostora, a minha impressão é de que cheguei até aqui por sorte ou porque os outros permitiram por caridade. Vivo uma grande crise com o que eu produzo, já que, apesar de ser uma teoria crítica, percebo que é uma crítica sem ser racializada em nenhum momento, ou melhor, ela é, sim, racializada, mas a partir da perspectiva branca.

E espero que você entenda que eu não discordo totalmente das teorias críticas educacionais com as quais trabalho. Mas gostaria que entendessem que os conhecimentos africanos também são clássicos e devem estar presentes nos currículos escolares, tensionando a perspectiva eurocentrada, pouco problematizada nessa área. Tentei falar isso em alguns congressos, mas fui altamente criticada, chamada de identitarista, de pós-moderna e outros "xingamentos" de um setor do progressismo branco classista. Também tentei propor uma articulação para um projeto posterior de pós-doutorado, no qual faria uma articulação entre essas bases, mas fui acusada de construir um Frankenstein epistemológico que juntava bases paradigmáticas distintas: uma oriunda das perspectivas críticas, outra proveniente das perspectivas pós-críticas. Enfim, tudo isso me cansou bastante.

Aliás, não falei, mas peguei uma turma de engenharia química com cerca de cinquenta estudantes, apenas dois negros. E, de cara, senti a desconfiança deles em relação à minha capacidade de estar ali. Eles me testam bastante, sempre levam questões que estão fora da lista de exercícios que eu passei, para verem se eu sei ou não responder. Eles definitivamente esperavam um professor branco, talvez com o dobro da minha idade, naquele lugar. A minha estética realmente criou um bug na cabeça daqueles jovens.

De certa forma eu entendo. Deve ter sido difícil para aqueles jovens brancos de classe abastada ingressar na universidade e dar de cara com uma professora da área de exatas negra, favelada e com bem menos de trinta anos. Por isso sinto tanta falta dos meus alunos da escola pública.

É bem pesado para mim, mesmo assim sigo em frente com equilíbrio e foco. Mesmo com essas questões, não posso abandonar tudo que produzi até agora, pois eu preciso defender a tese para ter meu aumento salarial e ajudar ainda mais minha família. Após eu concluir essa etapa, vou fazer o movimento de reconstrução da minha identidade a partir das minhas próprias bases ancestrais. Me constituirei intelectual a partir do que eu efetivamente sou, e não a partir do que fizeram e ainda fazem de mim.

Querido estudante negro,

Obrigada pelas palavras de apoio, me senti energizada por seu trabalho e pelo que escreveu. Fico feliz por você estar agora no Canadá, tenho certeza de que fará um ótimo trabalho na embaixada. Seguimos na luta, meu amigo.

Meu novo desafio agora é menos acadêmico, mas consigo ver as intersecções com a academia. Você sabe que meu irmão, como uma série de homens negros periféricos, é alcoólatra, certo? É uma dor imensa para a nossa família ver ele caído nas ruas do bairro, já tentamos de tudo para ele parar. Mas, ainda assim, todo santo dia alguém tem de carregá-lo de volta para casa, às vezes é alguém da família, que se revolta, mas tem cuidado; outras vezes são vizinhos, que têm apenas revolta e o colocam até em um carrinho de mão. Dói demais ver ele assim.

Apesar da dor, é importante reivindicar uma análise interseccional para os homens negros também, esses que não são os herdeiros do patriarcado, ainda que sejam beneficiados por ele, mas não são os atores centrais justamente por serem negros. Muitas vezes, sem nem perceber, vocês engrossam os índices de tragédia social – como o genocídio, o suicídio e a condição de sujeito em situação de rua – que são muito característicos dessa intersecção de raça e gênero na constituição desse ser que, antes de ser homem, é negro.

Eu penso muito nessa problemática do genocídio, porque ele atinge esses homens negros por todas as vias. No caso do meu irmão, se dá pela alcoolemia. Um dia, lendo alguns materiais para minha nova tese, percebi que essa perspectiva revolucionária que hoje eu pauto não dá conta da urgência de salvar a vida de pessoas como o meu irmão, que foi o meu melhor amigo de infância, a pessoa mais sensível e divertida que eu conheci e que trouxe cores e sorrisos a essa vida tão dura. Entendi, então, que estudar uma emancipação humana futura é importante no plano teleológico, mas que precisamos construir as bases sociais desde hoje. E isso só é possível se considerarmos uma sociabilidade real, que se dá a partir das tensões entre o lógico e o histórico.

E entenda, meu amigo, não é que eu seja contra a superação da divisão social por classes, ou que eu seja contra o fim da exploração do ser humano pelo ser humano, pois não há nada que lucre mais com o racismo no mundo do que o próprio capitalismo. Mas eu tenho demandas urgentes, minhas e do nosso povo, que não vão poder esperar pela revolução que hoje eu escrevo. Esse modo desprovido de urgência de pensar a transformação social e de descentralizar o direito à vida dos que mais morrem é branco, e eu não quero mais seguir nisso.

Terminei o doutorado em dois anos e meio. Digo isso não para me gabar nem para me achar especial porque não passei quatro anos estudando, como geralmente as pessoas fazem. Eu apenas tenho urgência, muita gente da família para ajudar, pagando a faculdade de pedagogia da minha irmã, ou a de engenharia mecânica do meu irmão mais velho, ou ainda a internação compulsória do meu irmão. Tenho muito a fazer por mim e pelos meus e para isso precisava progredir logo, aumentar o meu salário e estar pronta o quanto antes. Aos vinte e sete anos, tornei-me a doutora mais jovem da minha universidade no período em que concluí essa etapa.

Querido estudante negro,

Você sabe que sou inquieta com essas coisas de estudo, né? Eu amo me apropriar de novos conhecimentos, por isso, assim que as coisas se acalmaram em casa, ingressei novamente na universidade federal pelo vestibular, só que agora na graduação em filosofia. Estudo na faculdade em que você se graduou. Quando fiz mestrado e doutorado, estudei um pouco de epistemologia, a área que se propõe a refletir sobre os bastidores da produção de conhecimento científico, e me apaixonei. Prometi para mim mesma que, quando concluísse o doutorado, voltaria para fazer uma graduação mais especializada nisso. Foi um processo bem importante para o meu desenvolvimento intelectual e para a melhoria da minha capacidade argumentativa. Você que é do direito sabe quão importante e necessário é o movimento de argumentar. Inclusive, tenho muitos colegas de turma na filosofia que são advogados e que estão fazendo uma segunda ou terceira graduação. Mas vou te contar que a graduação refletiu os mesmos estigmas da anterior, um total de zero professoras negras, não lemos nenhum autor negro, somente homens brancos europeus. Um show de validação e reforço do conhecimento eurocentrista.

Por isso, buscando criar uma contranarrativa para essa epistemologia hegemônica, assumi um referencial teórico decolonial, me senti inicialmente contemplada e abraçada por essa teoria. Depois de um tempo, fui percebendo também outras nuances teóricas inicialmente não vistas. No começo eu havia encontrado uma perspectiva epistemológica que contemplava a minha condição de mulher negra latino-americana e, portanto, subalternizada. No entanto, com o passar do tempo percebi que, mais uma vez, estava ali como objeto, e não como sujeito. Os homens brancos cisgêneros, agora majoritariamente do sul global, continuam a falar do processo de construção e das vias de enfrentamento da minha subjetividade. O sujeito universal continuava operando dentro do anticolonialismo sendo colonial e produzindo saberes a partir desse "outro" ainda objetivado, exatamente como a ciência positivista fazia, só que com uma nova roupagem.

Assim sendo, pergunto: "quem descoloniza a decolonialidade?".

O modo como o conhecimento nela é produzido precisa ouvir mais aqueles que são os "esquecidos do mundo", e não apenas teorizar sobre eles. Isso porque, mesmo em se tratando de uma teoria contracolonial, ela ainda é produzida majoritariamente dentro de um ambiente altamente colonialista.

Além disso, a partir de minhas leituras, percebi que havia categorias teóricas e reflexões anteriores ao giro decolonial presentes no pensamento de intelectuais negros que eram negligenciados por teóricos do campo e, por que não, até pilhados. O genocídio cultural do qual fala Abdias Nascimento na obra *O genocídio negro brasileiro* certamente inspirou o conceito de epistemicídio cunhado dentro das perspectivas decoloniais décadas depois. Mas não há qualquer referência nesses estudos à obra desse importante autor brasileiro. Essa foi uma das muitas contradições teóricas que encontrei enquanto resgatava esses saberes naquilo que eu escolhi chamar de Decolonialidade em Afroperspectiva.

Deixei para fazer pós-doutorado apenas sete anos após a conclusão do meu doutorado, justamente porque não cabia mais nesse momento da minha vida seguir produzindo e reproduzindo um conhecimento de base eurocêntrica. Você acredita que só agora, no pós-doutorado, estou tendo a minha primeira referência negra feminina na academia? Minha supervisora do pós-doc é negra. Imagine aí? Precisei fazer uma graduação, um mestrado, um doutorado, outra graduação, para só no pós-doutorado encontrar na sala de aula alguém parecido comigo. Não é possível que essa ausência siga sendo naturalizada pelas pessoas, especialmente por nós, pessoas negras.

Percebe como isso tudo é violento do ponto de vista da construção subjetiva? Foi tão penoso para mim construir a noção de que eu sou uma intelectual, uma cientista, uma escritora (mesmo já tendo escrito vários livros e artigos ao longo desses anos).

Tornei-me a intelectual negra que não encontrava, e isso se deu a partir de uma lógica de um espelho quebrado, ou talvez até da ausência completa do espelho.

Infelizmente, no início do meu pós-doc, o meu irmão, que sofria de alcoolemia, faleceu desse grande mal social. Isso acabou me fazendo focar mais na minha pesquisa. Tenho passado a usar os estudos como um refúgio para os meus problemas de todas as ordens, principalmente aqueles de ordem social. Acho que de alguma forma sempre soube que seria justamente com a educação que eu contornaria qualquer questão. Até escrevi um livro no contexto dessa dor, a escrita é terapêutica para mim nesse sentido. Foi uma literatura de cura. Me vi ainda mais motivada a pesquisar e escrever sobre as questões do nosso povo em uma perspectiva coletiva e emancipatória.

Mas é isso, meu amigo. Não me prolongo mais não porque semana que vem estarei lá em Brasília para ver a sua posse como diplomata.

Eu não te prometi que iria?! Então, promessa é dívida.

Estou muito feliz por, mesmo morando um tempo fora do país, você nunca ter desistido dos seus sonhos, continuou estudando muito e agora está de volta para concretizar seu projeto de toda uma vida.

Isso é muito lindo e inspirador.

Até breve, meu querido estudante negro.

RECONSTRUINDO NOSSOS IMPÉRIOS

Querido estudante negro,

Como é estar estudando simultaneamente francês, alemão e mandarim em virtude das necessidades da sua profissão? Por sinal, quero te parabenizar mais uma vez pela sua posse, a cerimônia foi belíssima, e fazia alguns anos que eu estava sedenta por aquele abraço.

Por aqui, sigo estudando por outros caminhos. Gosto de pensar que estudar é o que sempre significou a minha vida, o que me ajudou a conhecer grande parte do Brasil e outros países, o que me ajudou a tirar mainha da cozinha da casa dos outros, também o que me possibilitou comprar um apartamento em um bairro tranquilo e hoje ter uma vida sem dificuldades.

Estudar para mim também foi importante porque me ajudou a desenvolver os instrumentos do pensamento e me tornar uma intelectual amplamente conhecida, apropriando-me dos conhecimentos clássicos hegemônicos socializados nos espaços escolares e acadêmicos que vivenciei, mas, sobretudo, estudar foi o que moldou minha subjetividade a partir de outros marcadores de potencialização, os quais, infelizmente, não aprendi na escola nem na universidade, e sim na militância.

Aprender a verdadeira história do continente africano, na contramão da história de mazelas que sempre acessei pelas mídias e espaços educacionais formais, foi importantíssimo para a construção de uma nova subjetividade repleta de autoestima, identidade e senso de pertencimento ancestral. Uma pena que tenha sido sempre por vias de estudos não estabelecidas pelas instituições, buscas exclusivamente minhas, em geral movidas por impulsos pessoais de emancipação. Mas imagina se fossem estudos sistemáticos organizados de modo curricular pela escola e pela universidade? O impacto seria gigantesco. É por isso que hoje eu luto pela inserção desses conhecimentos de positivação existencial no currículo escolar, para que a juventude negra acesse desde cedo a alegria de ser negra que eu só conheci quase aos trinta anos. Todos os projetos da minha vida hoje giram em torno dessa valorização de memórias ancestrais em relação ao nosso povo.

Estudar foi e segue sendo um movimento de muito crescimento para mim, no qual fortaleço a nossa comunidade, socializando tudo que eu acesso por meio de livros, palestras, redes sociais e qualquer forma de contato possível. Me nutro desses saberes ancestrais que formaram a mulher que eu sou, que sabe ter a convicção de que descende dos primeiros humanos, dos primeiros cientistas e dos primeiros reis e rainhas.

Saber disso mudou a minha postura diante do mundo, sabe? Hoje entro na universidade e em qualquer outro espaço de produção de conhecimento com a cabeça erguida, não tenho mais aquela sensação de estar ali de favor, de ter um espaço cedido. Entendo que a intelectualidade é um lugar meu, ancestral por direito.

Saber que a humanidade surgiu no que hoje chamamos de continente africano foi revolucionário para mim. Ao menos é o que aponta a ciência ocidental, que por meio da arqueologia revelou – através do isótopo 14 do carbono – que o fóssil humano mais antigo encontrado no mundo tem 350 mil anos e foi encontrado no noroeste do continente africano, no atual Marrocos. Esses povos, segundo os estudos, apresentavam marcas de constituição societárias, como formação de comunidades e práticas de ciência. Em outras palavras, a história da humanidade coincide com a da gênese e a da diáspora africana, então, obviamente não faz o menor sentido acreditar na narrativa hegemônica de que a história do negro no mundo começa com a escravidão.

Essa narrativa construída em torno da subalternização recente do povo negro é feita apenas para controlar nossa mente. A ideia é a de que, para dominar, explorar e exterminar um povo, primeiro se sequestram as suas memórias positivas acerca de si e dos seus, depois se imprime em suas consciências a narrativa que quer ser construída. Como nos disse Steve

Biko: "[...] a arma mais poderosa na mão do opressor é a mente dos oprimidos".

Imagine que eu me graduei em química acreditando que essa ciência tinha sido exclusivamente desenvolvida pelos gregos Leucipo, Demócrito e Epicuro por volta do século IV antes da era comum. Na narrativa eurocêntrica, aquela nomeada "O milagre grego", os conhecimentos surgiram na Grécia antiga, com a finalidade de garantir a manutenção da eurocentralidade contemporânea, algo do tipo "se nós desenvolvemos todas as epistemologias, nós é que temos a prerrogativa acerca delas".

Nos dizem que, além da química, a filosofia surgiu na Grécia com Tales de Mileto; a história, com Heródoto; a medicina, com Hipócrates; a matemática, com Thales, Pitágoras e Euclides; e por aí vai... Aí você me diga se faz algum sentido a humanidade ter surgido na África e não ter produzido nada. Vai me dizer que todo mundo ficou esperando a Grécia surgir em 1.200 a.C. para criar todos os conhecimentos existentes no mundo? Mesmo o continente africano tendo gestado o grandioso império kemético (agora conhecido como Egito Antigo) dois mil anos antes de a Grécia existir?

Ou seja, a narrativa deles é uma mitologia de gênese, que tem como único intuito produzir uma concepção de humanidade pautada na intelectualidade europeia.

Isso porque o domínio da técnica da produção do fogo aconteceu há cerca de 70.000 anos no território africano pelos nossos ancestrais hominídeos. Até então, o fogo era uma entidade mística, a qual era fornecida pela espiritualidade para ajudar na vida humana – era, inclusive, uma espécie de divindade. Quando se apagava, grupos ancestrais se deslocavam por quilômetros, buscando reencontrar fogo em outro lugar e o levavam de volta para a sua comunidade se sobreviviam nessa busca.

Ao dominarem a técnica da produção de fogo, eles puderam se proteger nos períodos de intenso frio, não mais precisando se deslocar, o que favoreceu o sedentarismo. A reprodução do fogo possibilitou um avanço imenso em todas as dimensões sociais, principalmente no campo das inovações tecnológicas, a exemplo da fundição de metais como armamento bélico. A princípio, foram utilizados como matéria-prima metais, como o cobre e o estanho, cuja fusão é mais fácil. No Benim, o bronze (uma liga de cobre e estanho) foi empregado principalmente com fins artísticos. Posteriormente, o ferro seria largamente produzido a partir do desenvolvimento dos altos fornos africanos, os quais preservam os mesmos princípios termodinâmicos até a atualidade. A metalurgia implicou um importante avanço produtivo, que favoreceu a vida agrícola e o aumento populacional, o causador principal da expansão bantu para o sul.

De forma que, até o primeiro século da nossa era, todo o continente africano já era conhecedor das fundições metálicas.

A cerâmica, que é a arte ou a técnica de produção de artefatos e objetos tendo a argila como matéria-prima, também é fruto desse domínio social da produção do fogo. A cerâmica africana artística tem a sua peça mais antiga datada quinhentos anos antes da era comum. Ela foi encontrada na Nigéria, na comunidade de Nok. A cerâmica africana tinha corpo e cabeça humana, um modelo abstrato, com fortes elementos formais e uma desproporção em relação aos tamanhos e posições adequadas da anatomia humana.

Em Kemet, era comum o uso de compostos contendo chumbo (II) na forma de maquiagem em pó para a região dos olhos, loções ou mesmo pomadas. As pessoas de lá maquiavam rosto e corpo com produtos feitos de extratos de plantas, pedras moídas e mistura de terras. Dessa maneira, estabeleciam hierarquias sociais, marcavam a passagem de fases importantes da vida, adoravam aos deuses e enfeitavam-se para festas, por exemplo.

A utilização de substâncias químicas pelo ser humano para fins cosméticos tem seus primeiros indícios aproximadamente no ano 30.000 a.C., quando hominídeos utilizavam corantes para a realização de pinturas em rochas (arte rupestre), pinturas corporais e até mesmo tatuagens (recentemente foram encontradas múmias egípcias com tatuagens em seus braços). Substâncias oleosas, perfumes na forma de unguentos e incensos também foram utilizados. Nesse período, supõe-se que esses materiais tenham sido usados em diversas situações: rituais de magia e de religiosidade, para simbolizar força, ou para ajudar na identificação dos membros de um grupo, ou mesmo para fins de proteção. Posteriormente, outras aplicações e novas substâncias foram desenvolvidas, com o objetivo de preservar a saúde e embelezar.

Os antigos egípcios eram povos politeístas e acreditavam na vida eterna após a morte, numa ideia que dizia que o espírito da pessoa que morreu voltaria no futuro para aquele corpo. Nesse sentido, essas pessoas pensaram em formas de preservar os corpos dos mortos mais influentes da sociedade, criando, assim, a técnica química da mumificação. Em consequência desse processo, os egípcios iniciaram os estudos de anatomia humana e descobriram várias substâncias químicas à base de mercúrio.

Para preparar as múmias, inicialmente, um corte era feito na altura do abdômen e todas as vísceras do cadáver eram retiradas. O coração era colocado em um recipiente à parte. Para a remoção do cérebro, aplicavam por via nasal uma espécie de ácido que diminuía a rigidez cerebral, facilitando sua extração. Em seguida, deixavam o corpo repousando durante setenta dias em uma grande bacia com água e sal, para desidratá-lo e matar as bactérias. Desidratado, o corpo era preenchido com serragem e ervas aromáticas para evitar sua deterioração. Em certos casos, alguns textos sagrados eram grafados nesse corpo. Depois de todas essas etapas, o corpo estava pronto para ser enfaixado com ataduras de linho branco, seguidas de uma cola especial. Após esse processo, o corpo era colocado em um sarcófago, uma espécie de caixão. E, se fosse uma pessoa importante, era abrigada dentro de pirâmides, como faziam com os faraós, ou sepultada em mastabas, uma espécie de túmulo para nobres e sacerdotes. Os processos de mumificação propiciaram graus elevadíssimos de conservação da matéria, de modo que até os dias de hoje múmias são encontradas em sarcófagos em estados surpreendentes de conservação.

Esses processos resultaram em um desenvolvimento significativo da medicina e da geometria, a partir da necessidade de construção das pirâmides. Tudo isso demonstra o avanço das populações africanas; por exemplo, já existia uma série de papiros medicinais africanos comprovando isso. O papiro de Edwin Smith é um texto medicinal africano, conhecido como o texto de método científico mais antigo do mundo, que relata cirurgias traumáticas no campo da ortopedia. É uma pena que tenha recebido o nome de um egiptólogo estadunidense do século XIX. Temos também o papiro de Ebers, nomeado por um alemão, um texto médico africano voltado para o estudo do sistema circulatório. E há ainda o papiro de Londres, um texto medicinal africano voltado para explicações de curas de problemas de saúde cotidianos diversos, como dores no ouvido, problemas de visão, contenção de sangramento em processos de aborto espontâneo, problemas de pele etc. Sobre o problema em torno do nome, acho que eu nem preciso falar, né?!

Inclusive os papiros, de certa maneira antecessores dos nossos papéis e livros contemporâneos, também foram invenções químicas desses povos, que eram sedentos por escrita e desenvolveram a escrita hieroglífica, a mais antiga do mundo ao lado da escrita cuneiforme dos sumérios, ambas surgidas no mesmo período. Em algum momento, uma professora me disse que a gente não tinha conhecimentos africanos, pois em África a cultura era oral, e por isso tudo se perdia, lembra?

Imagina que ironia, anos depois descubro que, na realidade, não só tínhamos cultura escrita, como fomos nós que a desenvolvemos.

Conhecer a fisiologia humana, o texto e tantas outras coisas mais foram coisas que só ocorreram na Europa após o rompimento em relação à racionalidade cristã medieval, durante a quebra de vínculos entre corpo e alma. Só nos séculos XVII e XVIII, com o advento da cosmovisão mecanicista, é que o ser humano passou a ser visto como uma máquina possível de ser aberta e estudada. Nesse ponto, a medicina europeia conseguiu finalmente chegar aonde a medicina africana já estava com todo o seu pioneirismo desde cerca de três mil anos antes da era comum. E, então, enquanto a medicina europeia, conhecida mundialmente como referência científica, com o grego Hipócrates como seu "pai", era pouco desenvolvida, todo esse progresso acontecia em Kemet.

A medicina europeia esteve por muito tempo vinculada à medicina galênica, nomeada assim por causa de Galeno, um médico grego do século I da era comum que se pautou na teoria humoral aristotélica para propor uma cura das doenças pelo "contrário". Por exemplo, se uma pessoa está com febre, é preciso perder sangue através de uma sangria. Já nos séculos XV e XVI, químicos médicos como Paracelso, Van Helmont, Crolius, entre outros, propuseram curas a partir das "substâncias" alquímicas mercúrio, enxofre e sal, teoria ainda pautada em Aristóteles na sua proposição acerca dos quatro elementos e da quinta-essência.

Acho que vou parar por aqui, mas, como conseguiu perceber, me apropriar desses conhecimentos mudou verdadeiramente a minha vida.

Até a próxima, amigo.

Querido estudante negro,

Você lembra que eu também era apaixonada por matemática, né?! Recentemente eu estava refletindo sobre isso, porque, na real, quando adolescente fiquei na dúvida entre prestar vestibular para matemática ou química. O fato é que alguém que é apaixonado por essas duas disciplinas deveria fazer engenharia química, mas isso em hipótese alguma passou na minha cabeça naquele contexto. Pense, se eu nunca tinha visto na minha vida uma engenheira negra, como me projetaria nesse lugar, não é mesmo?! Onde a gente não se vê, a gente não se pensa.

O fato é que essa matemática que eu também amo surgiu no continente africano. Já falei da geometria, mas o osso dos Libombos, descoberto nos Montes Libombos, é o artefato matemático mais antigo encontrado no mundo, datado de aproximadamente 35.000 anos a.C. Tal osso consiste em 29 entalhes feitos em uma fíbula de babuíno; ele era utilizado como um sistema de contagem para os ciclos menstruais, para as fases da lua, as marés cheias, os dias que faltavam para a caçada. Ainda hoje na Namíbia utilizam-se bastões calendários muito similares ao osso de libombo.

Também temos o osso de Ishango, de cerca de 10 mil anos depois, com mais entalhes, ampliando o sistema de contagem. A matemática dos búzios africanos com seus sistemas binários, a simetria matemática dos fractais e das tranças capilares, bem como a simetria das estampas dos tecidos africanos e o raciocínio lógico dos jogos mancala, jogos de tabuleiro que precederam o xadrez e as damas do Ocidente.

A matemática africana vinha de uma racionalidade da resolução de problemas práticos da população. Em outras palavras, não só era uma matemática anterior à grega, mas uma que se estruturava a partir de bases objetivas, e não a partir da busca por ideias. No campo da matemática e em todas as demais áreas do pensamento dos saberes africanos houve pilhagem epistêmica, que é o sequestro das formas autônomas de produção de conhecimento de um povo, por parte dos europeus.

Temos alguns exemplos de pilhagem epistêmica na matemática africana. A mais conhecida é o que consta nos teoremas de Tales de Mileto e de Pitágoras, ambos, respectivamente, dos séculos VI e V a.C., presentes no papiro de Ahmes, um documento kemético de cerca de 1650 a.C., no qual o escriba Ahmes detalhou a solução de oitenta e cinco problemas de aritmética: frações, cálculos de áreas, volumes, trigonometria e tantos outros conhecimentos matemáticos. Ou seja, esses teoremas já existiam pelo menos mil anos antes daqueles que os nomeiam. Uma inconsistência histórica gravíssima, e um fato que fez com que associassem certos inventos africanos a extraterrestres, a exemplo das pirâmides.

Como não se constroem pirâmides sem os conhecimentos matemáticos de Tales e de Pitágoras, e elas são bem anteriores à existência desses filósofos, presumiram a incapacidade africana de produção desses artefatos e os associaram a extraterrestres. Infelizmente, esse papiro é conhecido em todo o mundo pelo nome do seu sequestrador: Rhind, que foi um arqueólogo escocês do século XIX. No campo da matemática, ainda temos dois outros papiros muito importantes, que são os do Cairo e o de Moscou, expostos em um museu europeu e em outro estadunidense. Essas são riquezas materiais e imateriais do continente africano, usurpadas e mantidas até os dias de hoje no território dos opressores.

Eu entrava e saía da universidade de cabeça baixa, como quem não quer ser notada, evitando ser "preta que quando não caga na entrada, caga na saída". Eu me sentia estrangeira naquele espaço e queria mesmo ser imperceptível. Sentia que estava ali meio de favor. Isso deixa de acontecer quando eu descubro que, apesar de ainda sermos poucos negros hoje nas universidades brasileiras, a ideia de universidade é uma invenção ancestral africana. A mais antiga desse nosso contexto é a Université Al Quaraouiyine, fundada em 877 em Fez, no Marrocos. Antes disso, no contexto antigo africano, tínhamos as Casas da Vida, que ministravam cursos de medicina em Alexandria, local que levava muitos pensadores gregos a atravessar o mar Mediterrâneo para estudar e se formar lá. Entender que meus ancestrais construíram a universidade não apenas bloco a bloco, como fizeram com a universidade mais antiga do Brasil, a Faculdade de Medicina da Bahia (FAMEB), mas que também construíram esse conceito do ponto de vista epistemológico e intelectual, me fez muito bem.

Desde então, entro na universidade de cabeça erguida, entendendo que aquele espaço é do povo preto por direito!

Querido amigo, eu até abri uma escola para ensinar essas potências para as nossas crianças, quero ajudar a construir para a juventude negra um histórico escolar muito diferente do meu. Você precisa vir aqui em Salvador para conhecer o nosso trabalho. Trata-se da primeira escola afro-brasileira do país. Já até falamos de você lá, no Dia do Trabalhador, apresentamos diversas pessoas negras e indígenas em postos de trabalho de prestígio social e citamos você e sua história. Se você tiver algum contato no exterior, em países do continente africano ou na diáspora africana, para palestrar para nós, vou ficar imensamente feliz.

Eu encerro aqui esta carta, meu irmão, como quem se orgulha muito de ter se inspirado em você e como quem agradece seu fortalecimento em toda a minha trajetória. Eu sigo tendo você e você segue tendo a mim, como sempre foi para o nosso povo, "tudo que nóis têm é nóis". Sigamos sendo a concretização dos sonhos dos nossos ancestrais e nunca nos contentemos em sermos os primeiros; sejamos aqueles que abrem portas para que outros também acessem. Nossa vitória é coletiva. O estudo é instrumento de vitória coletiva para nós, e não uma mera emancipação pessoal.

Que outros estudantes negros peguem essa visão desde cedo. Estudar, para o povo negro, é revolução coletiva.

Amo você, meu amigo.

Até breve!

SUGESTÕES DE LEITURA

ADICHIE, Chimamanda. *O perigo de uma história única*. São Paulo: Companhia das Letras, 2019.

AKOTIRENE, Carla. *Interseccionalidade*. São Paulo: Jandaíra, 2019.

ALMEIDA, Silvio. *Racismo estrutural*. São Paulo: Jandaíra, 2019.

BENTO, Cida. *O pacto da branquitude*. São Paulo: Companhia das Letras, 2022.

BERNAL, Martin. *A Atena negra*: as raízes afro-asiáticas da civilização clássica. Barcelona: Crítica, 1993.

BIKO, Steve. *Black Theology*: The South African Voice. Londres: Basil Moore, 1973.

CARNEIRO, Sueli. *Dispositivo de racialidade*: a construção do outro como não ser como fundamento do ser. São Paulo: Zahar, 2023.

CAVALLEIRO, Eliane dos S. *Do silêncio do lar ao silêncio escolar*: racismo, preconceito e discriminação na educação infantil. 6. ed. São Paulo: Contexto, 2012.

CÉSAIRE, Aimé. *Discurso sobre o colonialismo*. São Paulo: Veneta, 2020.

CUNHA, Henrique Jr. *Tecnologia africana na formação brasileira*. Rio de Janeiro: CEAP, 2010.

DIOP, Cheikh. A. A origem dos antigos egípcios. In: MOKHTAR, G. (org.). *História geral da África*: A África antiga. São Paulo: Ática/UNESCO, 1983.

EVARISTO, Conceição. *Becos da memória*. São Paulo: Pallas, 2017.

FRANTZ, Fanon. *Os condenados da terra*. Trad. José Laurênio de Melo. Rio de Janeiro: Civilização Brasileira, 1968.

FRANTZ, Fanon. *Pele negra, máscaras brancas*. Trad. Renato da Silveira. Salvador: Edufba, 2008.

GOMES, Nilma Lino. *O movimento negro educador*. Petrópolis: Vozes, 2017.

GONÇALVES, Ana Maria. *Um defeito de cor*. 28. ed. São Paulo: Record, 2006.

GONZALEZ, Lélia; HASENBALG, Carlos. *Lugar de negro*. São Paulo: Zahar, 2022.

GONZALEZ, Lélia. A categoria político-cultural de amefricanidade. *Tempo Brasileiro*. Rio de Janeiro, n. 92/93. jan./jun. pp. 69-82, 1988.

hooks, bell. *Ensinando a transgredir*. São Paulo: WMF Martins Fontes, 2017.

JAMES, George. *Stolen Legacy*. New York: Philosophical Library, 1954.

KILOMBA, Grada. *Memórias da plantação*: episódios de racismo cotidiano. Trad. Jess Oliveira. São Paulo: Cobogó, 2019.

MACHADO, Carlos; LORAS, Alexandra. *Gênios da humanidade*: ciência, tecnologia e inovação africana e afrodescendente. São Paulo: DBA, 2017.

MACHADO, Vanda. *Prosa nagô*: educando pela cultura. 2. ed. Salvador: Edufba, 2022.

MBEMBE, Achille. *Necropolítica*. Trad. Renata Santini. São Paulo: n-1, 2018.

MUDIMBE, Valentin. Y. *The Invention of Africa:* Gnosis, Philosophy, and the Order of Knowledge. London: James Currey, 1988.

NASCIMENTO, Abdias. *O genocídio do negro brasileiro*: processo de um racismo mascarado. São Paulo: Perspectiva, 2016.

NASCIMENTO, Beatriz. *O negro visto por ele mesmo*. São Paulo: Ubu, 2022.

NGUGI WA THIONG'O. *Decolonising the Mind*: The Politics of Language in African Literature. Harare: Zimbabwe Publishing House, 1986.

NOGUEIRA, Sidnei. *Intolerância religiosa*. São Paulo: Jandaíra, 2020.

OBENGA, Théophile. *La philosophie africaine de la période pharaonique*: 2780-330 avant notre ère. Paris: L'Harmattan, 1990.

PINHEIRO, Bárbara C. S. *Como ser um educador antirracista*. São Paulo: Planeta, 2023.

RIBEIRO, Djamila. *Pequeno manual antirracista*. São Paulo: Companhia das Letras, 2019.

RUFINO, Luiz. *Pedagogia das encruzilhadas*. Rio de Janeiro: Mórula, 2019.

SANTOS, Antônio Bispo dos (Nêgo Bispo). *Colonização, quilombos*: modos e significados. Brasília, junho/2015.

SANTOS, Milton. *Por uma outra globalização*: do pensamento único à consciência universal. São Paulo: Record, 2000.

SILVA, Petronilha G.; BARBOSA, Lucia M. A. (orgs.). *O pensamento negro em educação no Brasil*: expressões do Movimento Negro. São Carlos: EdUFSCar, 1997.

SILVA, Cidinha da. *Tecnologias ancestrais de produção de infinitos*. Goiânia: Martelo, 2022.

SILVA, Ana Célia da. *A representação social do negro no livro didático*: O que mudou? Por que mudou? Salvador: Edufba, 2011.

SODRÉ, Muniz. *O fascismo da cor*: uma radiografia do racismo nacional. Petrópolis: Vozes, 2023.

SOMÉ, Sobonfu. *O espírito da intimidade*: ensinamentos ancestrais africanos sobre maneiras de se relacionar. Trad. Deborah Weinberg. São Paulo: Odysseus, 2007.

SOUZA, Neusa. S. S. *Tornar-se negro*: ou as vicissitudes da identidade do negro brasileiro em ascensão social. Rio de Janeiro: Graal, 1983.

**Acreditamos
nos livros**

Este livro foi composto em Freight Text Pro e
impresso pela Gráfica Santa Marta para
a Editora Planeta do Brasil em agosto de 2025.